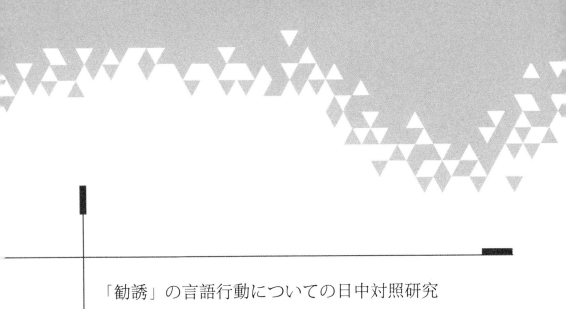

「勧誘」の言語行動についての日中対照研究

语言学论丛

中日邀请言语行为比较研究

刘丹丹 / 著

图书在版编目（CIP）数据

中日邀请言语行为比较研究 / 刘丹丹著 . —北京：北京大学出版社，2017.5
（语言学论丛）

ISBN 978-7-301-28290-8

Ⅰ.① 中⋯　Ⅱ.① 刘⋯　Ⅲ.① 言语行为—对比研究—中国、日本　Ⅳ.① H0

中国版本图书馆 CIP 数据核字（2017）第 098129 号

书　　　名	中日邀请言语行为比较研究 ZHONG-RI YAOQING YANYU XINGWEI BIJIAO YANJIU
著作责任者	刘丹丹　著
责 任 编 辑	兰　婷
标 准 书 号	ISBN 978-7-301-28290-8
出 版 发 行	北京大学出版社
地　　　址	北京市海淀区成府路 205 号　100871
网　　　址	http://www.pup.cn　　新浪微博：@北京大学出版社
电 子 信 箱	zpup@pup.cn
电　　　话	邮购部 62752015　发行部 62750672　编辑部 62759634
印 刷 者	三河市博文印刷有限公司
经 销 者	新华书店
	650 毫米 ×980 毫米　16 开本　15.25 印张　280 千字 2017 年 5 月第 1 版　2017 年 5 月第 1 次印刷
定　　　价	46.00 元

未经许可，不得以任何方式复制或抄袭本书之部分或全部内容。
版权所有，侵权必究
举报电话：010-62752024　电子信箱：fd@pup.pku.edu.cn
图书如有印装质量问题，请与出版部联系，电话：010-62756370

序

　劉丹丹先生は、日本語教育学が御専門で、山東師範大学を御卒業後、日本の大阪大学大学院言語文化研究科日本語・日本文化専攻において、優秀な成績で修士号、博士号を取得されました。今回その成果を出版なさると伺い、先生の大学院時代に指導教員の一人であった者として、心よりお祝い申し上げます。
　外国語を学び、異国で暮らした経験のある方なら、言語・文化の異なる人々とのコミュニケーションにおいては、思いがけない誤解や摩擦が起きるという経験をなさったことがあるでしょう。例えば、勧誘という行動を例にとると、日本語教育の初級では、「一緒にいきませんか」「はい、いきましょう」というような、単純な文型の応答だけが指導されるのですが、劉丹丹先生も本書の冒頭で述べておられるように、「中国語を母語とする日本語学習者は、日本語母語話者が行くかどうかをはっきり言わず、あいまいだと感じ、逆に、日本語母語話者は学習者の勧誘に押しつけがましさを感じることもある。」というような事態が起こります。日本語母語話者は決して曖昧なのではなく、自分が行きたいかどうかを中国語と異なる方法で述べているのであり、また、中国語母語話者も強引なのではなく、相手に親しみを示し、誘いたいという気持ちを強く表しているのですが、その方法は日本語とは異なります。日常の誤解は、日中の言語行動の違いを互いに知らないために起きるのです。

◆　「勧誘」の言語行動についての日中対照研究　◆

　今や世界は狭くなり、外国語を学ぶことは教養や知的訓練だけではなく、実際にその言語を学校や仕事で使いながら、異なる文化を持つ人々とともに生活することが増えています。このような言語教育に対する学習者のニーズに応えるためには、文法と語彙を中心とした教育から、言語行動そのものについての知見を含んだ、より幅広い教育が必要となります。このような時代の変化の中で、劉丹丹先生の御研究は日本語教育学のための貴重な基礎研究であり、時代の要請に応えるものとなっています。

　この本が一人でも多くの人々に読まれ、先生の御研究がさらに発展することを遠く日本から祈念しております。

2016 年 9 月 27 日
大阪大学大学院言語文化研究科日本語・日本文化専攻長
　　　　鈴木　睦

目　録

1　はじめに ………………………………………………………… 1

2　先行研究 ………………………………………………………… 4

  2.1　日中の勧誘に関する先行研究 ……………………………… 4

    2.1.1　日本語の勧誘に関する先行研究 …………………………… 4

    2.1.2　日中の勧誘に関する対照研究 ……………………………… 12

    2.1.3　日中の勧誘に関する先行研究のまとめ ………………… 15

  2.2　聞き手の言語行動に関する先行研究 ……………………… 16

  2.3　日中のあいづちに関する先行研究 ………………………… 19

    2.3.1　日本語におけるあいづちの研究 …………………………… 20

    2.3.2　日中あいづちの対照研究 …………………………………… 28

3　データ収集の方法と分析の枠組み ………………………… 37

  3.1　データ収集の方法 …………………………………………… 37

  3.2　分析の枠組み ………………………………………………… 41

    3.2.1　本研究で扱う用語の定義 …………………………………… 41

    3.2.2　分析の手順 …………………………………………………… 46

4 分析結果と考察 …………………………………… 55

4.1 日中の勧誘会話の全体的特徴 ……………………………… 55

4.1.1 日中の勧誘会話の展開について ……………………… 55
4.1.2 日中の勧誘会話の構造について ……………………… 57

4.2 日中の勧誘会話における＜導入部＞＜勧誘部＞の特徴について …………………………………………………………… 63

4.2.1 日本語の勧誘会話における＜導入部＞＜勧誘部＞の特徴について ………………………………………………… 63
4.2.2 中国語の勧誘会話における＜導入部＞＜勧誘部＞の特徴について ………………………………………………… 85
4.2.3 日中の勧誘会話における＜導入部＞と＜勧誘部＞の特徴についてのまとめ ……………………………………… 103

4.3 日中の被勧誘者の言語行動の特徴：被勧誘者が勧誘内容に興味がある場合と興味がない場合の違い …………… 105

4.3.1 日本語の被勧誘者の言語行動について：被勧誘者が勧誘内容に興味がある場合と興味がない場合の違い ………… 114
4.3.2 中国語の被勧誘者の言語行動について：被勧誘者が勧誘内容に興味がある場合と興味がない場合の違い ………… 133
4.3.3 日中の被勧誘者の言語行動の対照：被勧誘者の勧誘内容への興味の有無による違い ……………………………… 147

4.4 日中の勧誘会話における被勧誘者のあいづちの使用について ………………………………………………………… 152

4.4.1 日本語の勧誘会話における被勧誘者のあいづちの使用について ……………………………………………………… 154

4.4.2　中国語の勧誘会話における被勧誘者のあいづちの使用について……………………………………………… 166

4.4.3　日中の被勧誘者のあいづちの使用の相違点及びその原因について……………………………………………… 172

4.5　勧誘会話における日中の勧誘者と被勧誘者の配慮の仕方について……………………………………………… 182

4.5.1　日本語の勧誘会話における勧誘者と被勧誘者の配慮の仕方について……………………………………………… 182

4.5.2　中国語の勧誘会話における勧誘者と被勧誘者の配慮の仕方について……………………………………………… 193

4.5.3　日中の勧誘会話における勧誘者と被勧誘者の配慮の仕方についてのまとめ…………………………………… 205

5　おわりに……………………………………………… 209

5.1　日中の勧誘会話の特徴についてのまとめ…………… 210

5.1.1　日中の勧誘会話における勧誘者と被勧誘者の言語行動の特徴について………………………………………… 210

5.1.2　日中の勧誘会話の構造と発話連鎖について………… 213

5.2　中国語を母語とする日本語学習者への提言………… 215

謝辞……………………………………………………… 217

参考文献………………………………………………… 219

1　はじめに

　現在、グローバル化により、留学やビジネスによる人々の移動が盛んになっている。中国においては、日本と中国の経済的な関係の強化や日本のアニメの普及などにより、日本語の人気が高まり、2012年には、日本への中国人留学生はすでに10万人を突破している。それに伴い、中国語母語話者と日本語母語話者がコミュニケーションを行う場面が増え、そこで生じる両者の誤解や摩擦も増えていると思われる。

　例えば、中国語を母語とする日本語学習者は、上下関係が優先される人間関係において、上位者に親しみを表すために普通体を使ってしまい、馴れ馴れしい、礼儀に欠けるという印象を誤って相手に与えてしまうことがある。また、日本語母語話者は誰かを食事や遊びに誘って断られた時には、続けて何度も誘うことを避けて引き下がるが、中国語を母語とする日本語学習者は、勧誘が一度しか行われないことに対して、日本語母語話者に対して冷たいと感じることがある。これは、両言語において、社会的な規範や対人配慮の仕方など、様々な面で違いが見られることによるものであり、その結果、両言語の言語行動にも違いが生じるということである。

　本書では、両言語で異なる言語行動の1つとして、「勧誘」を研究テーマとする。「勧誘」は日常生活において頻繁に行われる言語行動で、他人との関係を一歩縮める良い方法であるが、

日本語母語話者と中国語を母語とする日本語学習者の間で誤解が生じやすい言語行動の一つとも言える。中国語を母語とする日本語学習者が日本語母語話者と円滑に勧誘の言語行動を行うことができるように、日本語と中国語における勧誘会話の構造や勧誘者と被勧誘者の言語行動の特徴などを対照することが本書の目的である。

　日中の勧誘会話の言語行動に関する先行研究として、黄（2011）、（2012）が挙げられる。黄（2011、2012）は、意味公式を用いて、日中の勧誘会話を対照し、「共同行為要求」や、「誘導発話」を分析することで、日中の勧誘表現や勧誘の仕方について考察している。その結果、日本語では勧誘として「相手の意向を尋ねる」という意味公式を多用し、中国語の方は「自分の意向を述べる」を多用していることが分かった。日本語では、相手に配慮し、婉曲的に働きかける誘い方をするのに対して、中国語では相手が行きたいかどうかは別問題として、この誘いが相手にとって利益になると思い、ぜひこの機会に誘いたいと思って、積極的に働きかけていると述べられている。また、日中の「誘導発話」の使用から、日本語では、勧誘者が相手と距離をおいて、押し付けがましさを避け、相手に配慮するストラテジーを使用しているのに対し、中国語では、相手への負担よりは相手の利益を優先し、誘いを成功させるために積極的に働きかけている。そして、このような日中の勧誘会話を「配慮型」と「交渉型」と名づけている。この指摘は興味深い。

　しかし、中国語母語話者は配慮をしていないのではなく、中国語なりの配慮をしているのであり、日本語と中国語は、いずれも相手に配慮しているものの、対人配慮の重点が異なるのではないかと考える。従来の研究では、勧誘者の言語行動に注目して、分析・考察を行うことが多く、被勧誘者の言語行動に対して十分に分析・考察を行った研究は少ない。また、被勧誘者

が勧誘内容に対して興味があるかどうかにより、勧誘会話における日中の会話の構造や会話参加者が行う言語行動も異なると考えられる。そこで、本書では、被勧誘者が勧誘内容に興味がある場合と興味がない場合の２つの場面を設定し、特に被勧誘者の言語行動に注目する。被勧誘者が勧誘内容に興味がある場面と興味がない場面において日中の構造と発話連鎖にどのような特徴があるか、被勧誘者が勧誘内容への興味の有無によりどのように言語行動が異なるのか、また、日中の勧誘会話における会話参加者の配慮の仕方についても考察する。

　調査対象は、日中の18歳—26歳の同等関係である親しい女性同士とし、被勧誘者の勧誘内容に対する興味の有無により場面を２つ設定し、ロールプレイによって会話の収集を行なう。

　本書の構成は、まず２章で勧誘、聞き手の言語行動、あいづちに関する先行研究についてまとめ、次に３章で本研究のデータ収集の方法と分析の枠組みについて説明し、その後４章で本研究の分析結果と考察に入る。本研究の分析結果は、4.1日中の勧誘会話の全体的特徴、4.2日中の勧誘会話における＜導入部＞＜勧誘部＞の特徴、4.3日中の被勧誘者の言語行動の特徴：被勧誘者が勧誘内容に興味がある場合と興味がない場合の違い、4.4日中の勧誘会話における被勧誘者のあいづちの使用、4.5勧誘会話における日中の勧誘者と被勧誘者の配慮の仕方、の順に見ていく。

2　先行研究

　本研究の目的は、日中の勧誘会話の構造と発話連鎖の特徴、被勧誘者が勧誘内容への興味の有無による被勧誘者の言語行動、日中の「勧誘」における対人配慮の仕方を解明することである。そのため、本章では、まず、日本語の勧誘に関する先行研究、日中の勧誘に関する対照研究を紹介する。次に、聞き手行動に関する先行研究を紹介する。勧誘会話における勧誘者と被勧誘者の言語行動を研究するには、相手からの情報提供や勧誘発話などに対して、どのような行動を取っているか、話し手の発話に対する聞き手の行動を見なければならないからである。そして、最後に、日本語の会話に重要な役割を果たすあいづちに関する先行研究を紹介する。

2.1　日中の勧誘に関する先行研究

2.1.1　日本語の勧誘に関する先行研究

　日本語の勧誘に関する研究は多く、ザトラウスキー（1993）、筒井（2002）、鈴木（2003）、大上他（2011）などの勧誘の談話構造に関する研究、安達（1995）、川口他（2002）、日本語記述文法研究会編（2003）などの勧誘の表現形式に関する研究、木山（1993）、嶋田（2013）、東條（2013）などの日本語学習者や日本語教材に着目した勧誘の研究などが挙げられる。その

結果、研究者により使用される用語や分類方法には異なる点もあるが、日本語の勧誘会話の構造と勧誘の表現形式の特徴が把握されている。また、勧誘において、日本語学習者と日本語母語話者には、対人配慮行動や、勧誘の構造などに違いがあることが明らかになった。

ここでは、日本語の勧誘の構造や、勧誘の表現形式や、日本語学習者による勧誘などについて詳しく見ていきたい。

日本語の勧誘に関する代表的な研究としてザトラウスキー（1993）が挙げられる。ザトラウスキー（1993）では、日本語の電話で行われる自然会話を用いて、日本語における勧誘の構造と勧誘者、被勧誘者が用いるストラテジーについて分析し、日英の勧誘との対照にも言及している。ザトラウスキー（1993）は、日本語の勧誘の談話を「勧誘の話段」と「勧誘応答の話段」に分け、その二つの話段における勧誘者と被勧誘者のストラテジーを分析している。

「勧誘の話段」は、勧誘者が「勧誘」に関する情報を提供し、被勧誘者が「勧誘」についての情報を聞き、確認し、新しい情報を要求する段階である。「勧誘応答の話段」は被勧誘者が自分の事情に関する情報、「断わり」や「承諾」に対する理由を述べ、「勧誘」に対する「応答」をし、勧誘者がその情報を聞き、確認し、新しい情報を要求する段階である。（ザトラウスキー 1993：72）その結果、ザトラウスキー（1993）は、勧誘者と被勧誘者が協力しながら勧誘の談話を作り上げていることを指摘し、勧誘者は、被勧誘者の反応を見ながら勧誘を進め、常に被勧誘者に断わりの余地を与えていること、また、「被勧誘者の都合を優先する方が好ましいと思わせるようにして、勧誘を進める傾向がある」ことを指摘している。

日本語の勧誘のストラテジーの特徴としては、勧誘者の「気配り発話」と被勧誘者の「思いやり発話」を特徴として挙げて

いる。

　「気配り発話」は勧誘者の発話であるが、断る理由や「勧誘」に不利な情報、否定的な評価を含む発話である。勧誘者は、被勧誘者が「勧誘」に対する否定的な態度を示し、話にあまり乗ってこない時にこの種の発話を用いて、被勧誘者に気を配り、被勧誘者が断りやすくする。

　「思いやり発話」は被勧誘者の発話であるが、断る可能性が高いにもかかわらず、「勧誘」に対する肯定的な態度を示したり、承諾する可能性を残したりする勧誘者の立場を配慮する発話である。「勧誘」に対する肯定的な評価を含む発話、興味を示す発話、新情報を要求する発話、「陳謝」等である。

　川口他（2002）は、「マショウ」と「マセンカ」の誘い表現の使用を待遇の観点から分析したものであるが、誘いの場面を「誘いの当然性」が「低い」場合と「高い」場合に分けて考察を行い、「マショウ」型と「マセンカ」型表現は誘う状況における「当然性」の高低による談話構造に種別が生じると指摘し、「誘いの当然性」の高低による談話展開のモデルを提示している。

　川口他（2002）は、「誘いの当然性」の高低について、以下のように述べている。

　「誘いの当然性」が「低い」というのは、「自分」が誘った時、「相手」が「自分」とともに行動することが確実だとは断言できない、言い換えれば誘いが受け入れられない恐れもあると予想できるということである。これには、次の二つの場合があると考えられる。

　①「自分」と「相手」が、すでに「自分」の誘いで一、二度同趣の行動をともにしたことはあるが、ふたたびともに行動することが確実なわけではない場合。

　②「自分」と「相手」がともに行動することに初めて誘う場合。

このような場合には、［マセンカ］型の「誘い表現」が用いられる。

「誘いの当然性」が「高い」というのは、「自分」が誘ったとき「相手」が「自分」とともに行動することが確実だと考えられる、言い換えれば誘いが受け入れられる可能性が極めて高いと予想できるということである。これには、次の二つの場合があると考えられる。

①「自分」と「相手」が、すでに「自分」の誘いで何度も同種の行動をともにしたことがあり、ふたたびともに行動することがほぼ確実な場合。

②「自分」が「相手」を含めてその場の行動の主導権を持っている場合。このような場合には、［マショウ］型の「誘い表現」が用いられる。

「マショウ型」の誘いは「誘いの当然性」が高いもので、「デス・マス」体かダ体で話す間柄に関係なく、基本的に誘う側は呼びかけてからすぐ勧誘することが多い。一方、「マセンカ」型の誘いは、「誘いの当然性」の低い場合に使用され、勧誘者が被勧誘者の都合や興味など聞き、被勧誘者の反応を見ながら勧誘を進めるという。

また、筒井（2002）も川口他（2002）の「誘いの当然性」の高低に近い「習慣性」対「一回性」、「現場的」対「非現場的」という概念を取り入れ、勧誘の構造分析を行っている。勧誘の会話は習慣性／一回性、現場的／非現場的という要素によって異なり、習慣性のある勧誘（習慣的に繰り返して行われる勧誘）と現場性のある勧誘（その場で実行される勧誘）は、導入部や相談部、終結部が生じない場合が多く、一回性で現場性のない勧誘の談話構造はより複雑であると指摘し、初級の会話教育におけるシラバス案を提示している。勧誘の仕方は、勧誘の内容や、状況、人間関係などによって異なり、それに伴って用いられる

表現も異なるため、勧誘の言語行動を学習するには、日本語の教科書では勧誘会話の構造を段階別に、徐々に難しい学習項目を設定する必要があると提言している。

さらに、鈴木（2003）は勧誘を発話・談話・言語行動の３つのレベルで捉えるべきだと主張し、勧誘を３つのレベルで定義している。その３つのレベルは以下のように定義されている。
　①発話のレベル
　「勧誘者が被勧誘者に一緒にある行為を行うように働きかけること」
　言語形式：「〜ます？」「〜ませんか」「〜ましょう」
　②談話のレベル
　「勧誘者が被勧誘者に一緒にある行為を行うように働きかけ、勧誘に関することがらについて合意形成を行う相互交渉の過程」
　③言語行動のレベル
　「勧誘された行動が実行可能な状態に至ること」
　また、勧誘の談話構造は、〈勧誘〉、〈勧誘内容に関する相談〉〈実行の手続きに関する相談〉という３つの部分からなる共通した談話構造を持ち、談話型のバリエーションは、勧誘者と被勧誘者の間における情報の共有度によって決められると述べられている。
　また、勧誘がその場で実行されるかどうかにより使用される先行発話が異なると述べ、さらに日本語教育の観点から「〈勧誘〉の部分では勧誘・承諾・断り・情報要求を、〈相談〉の部分では相談に必要な提案や同意などの機能を扱い、学習者が言いたいこと自発的に述べるような教材へと」（p.120）の改良が必要だと指摘している。

　大上他（2011）では、筒井（2002）、鈴木（2003）を参考に、

♦ 2 先行研究 ♦

以下のように、勧誘会話を＜勧誘の導入部＞＜勧誘部＞＜勧誘の相談部＞＜勧誘の終結部＞の四つに分けている。

図2-1　勧誘の談話

※点線で囲まれた部分は、出現しない場合もある

（大上他　2011：9より引用）

　大上他（2011）は、ロールプレイによるデータの収集を行い、勧誘者と被勧誘者の親疎関係、勧誘内容の軽重による日本語、中国語、タイ語、ロシア語の勧誘会話の特徴を分析している。ロールプレイにより収集した勧誘会話を分析した結果、勧誘内容の軽重では違いがあまり見られず、その親疎関係によって、各言語では先行発話の使用、勧誘の表現形式など勧誘者が被勧誘者に対する配慮が異なることが分かった。しかし、大上他（2011）では、分析データの4組と少なく、結果を検証する必要があり、また、勧誘者を中心に分析したもので、被勧誘者の言語行動については言及していない。

　また、大上他（2011）は、筒井（2002）、鈴木（2003）を参考に、先行発話を①「情報要求型の先行発話」、②「情報提供型の先行発話」、③「共感要求型の先行発話」の3つのタイプに分けている。

　①「情報要求型」：相手の予定・関心・経験・体調などに関する情報を要求する発話。（例）「明日、ひま？」「サッカー、好き？」

　②「情報提供型」：相手に対して、勧誘内容に関する情報を提供する発話。このタイプでは、先行発話自体が勧誘の発話としての役割を果たす場合がある。

（例）「土曜日に、パーティがあるんだよ」
　③「共感要求型」：現場性がある状態の勧誘で使用される発話で、相手に対して話者との共感を求める発話。
　　（例）「疲れたね」「暑いよね」（大上他 2011：9—10）

　東條（2013）は、中・上級の日本語学習者が日本語母語話者を勧誘する場合について、勧誘の開始、勧誘表現の使用、勧誘の終了の仕方について分析し、被勧誘者としての日本語母語話者はその勧誘をどのように受け取り解釈するのか、という点にも注目している。その結果、中級から上級になると、ある段階で相手に社会言語、社会文化的規則から逸脱した発話を行い、相手に否定的評価を受けても、後の段階で修復できるようになっており、会話の中における相手との関係の修復がうまくなり、コミュニケーションが一層スムーズに進められるようになることが分かった。

　また、日本語学習者は、日本語母語話者と接触する場面において、相手が日本語母語話者だという認識が強く、勧誘の表現より相手の気持ちを考えなくてはならないことに困難を感じたり、勧誘者としての日本語母語話者の返答が曖昧で理解しにくいという不満も多く、日本語母語話者に対するステレオタイプの形成や、距離感を感じることなどが強くなり、勧誘もしにくくなり、お互いの友好関係の築きが困難になると述べている。

　また、日本語母語話者は、「気配り発話」を用いて「相手に断る余地を残す」ような勧誘を好み、日本語学習者による社会言語・社会文化的規範から逸脱した発話には、意識的あるいは無意識的に否定的評価をしがちであるとも述べている。

　木山（1993）は、日本語の初級・中級の教科書を分析し、場面に応じた「誘い」の言語様式使用の指導上の留意点を考察した。

「初級では形の定着をはかるために」、「ませんか」「ましょう」「よう」などの表現形式の提出順序の配慮が重要であり、現在一般的である順序（「ます」形→ましょう→ませんか→よう→ない）が形の定着のために良いと述べている。また、会話者間の関係による言語形式の選択指導には、「上下関係のある会話者間の「誘い」の会話例も提示することが必要である」と指摘している。また、中級ではそれに加えて談話の展開方法、言語化過程モデルによる「誘い」の伝達の段階に加えて、「誘い」の補足や説得の段階を重層的にする工夫が必要であると述べられている。

　木山（1993）では「誘い」の談話の展開を、「誘い」の伝達の段階、「誘い」の補足の段階、「誘い」の説得の段階の三つに分けている。その三つの段階については以下のように定義している。

　「誘い」の伝達の段階とは、話し手が「誘い」の意図を持っていることを聞き手に伝達する段階である。

　「誘い」の補足の段階とは、「誘い」の伝達の段階の後、聞き手が受諾または拒否の意思表示をしないで引き続き「誘い」が行われる場合である。

　「誘い」の説得の段階とは、聞き手が「誘い」に対して拒否の意思表示をした後で「誘い」の会話を継続する場合である。

　また、嶋田（2013）は、日本語母語話者及び中国人学習者のＥメールの談話構造と表現形式を分析し、日本語教育での指導方法について提言している。被験者に対し、所属する団体のメンバーと顧問の教員をバーベキューパーティーに誘うＥメールを送るという課題を与え、①メンバー全員に一斉に送る場合（メーリングリストで）②個別に送る場合（相手：仲の良い同期のメンバー）③いつもお世話になっている顧問の教員に送る場合の3パターンのＥメールを書いてもらった。

その結果、中国人学習者のEメールは、開始部、主要部、終了部の構成が日本語母語話者のようにはっきり現れず、開始部や前置きが少なく、主題部から始まったり、前置きがあっても主題とうまく繋がっていないものや、「今度」などの導入標識がないためにやや唐突な印象を受けるメールが多かった。日本語教育の指導では、Eメールの基本構造を教えるとともに、「今度」などの導入標識を明示的に教えるべきだと指摘している。また、中国人学習者は勧誘の表現形式を対人関係によって使い分けず、人に押しつけがましさを与えてしまうため、対人関係による表現の使い分けを指導する必要があると指摘しており、親しい相手に対しても配慮をする必要があるという。

2.1.2　日中の勧誘に関する対照研究

　日中の勧誘に関する対照研究には、黄（2011、2012、2014）、李（2013）などがある。

　黄（2011、2012）は意味公式を用いて、日中の勧誘会話を対照し、「共同行為要求」[1]や、「誘導発話」[2]を分析することで、日中の勧誘表現や勧誘の仕方について考察している。

　その結果、日本語は「相手の意向を尋ねる」という誘い方を多用し、中国語の方は「自分の意向を述べる」を多用していることが分かった。日本語では、相手に配慮し、婉曲的に働きかける誘い方をするのに対して、中国語では相手が本当に行きた

---

1 「共同行為要求」とは、「誘い過程において、誘う側が誘われる側に誘い行為に共に参加するよう働きかける発話」である。（黄2011：141より引用）本研究の勧誘発話に相当する。

2 「誘導発話」とは、「誘われる側の否定的反応に対して、相手が誘いの話にのってくるように相手にとって魅力的な情報を与えたり、興味を引き出すために有力な情報を伝えることを表す発話」である。例えば、「チケット代は私がおごってあげるから」「＊＊テレビ局に行けるよ」等の表現が含まれる。（黄2012：68より引用）

いかどうかは別問題として、この誘いが相手にとって利益だと思い、ぜひこの機会に誘いたいと思って、積極的に働きかけていると述べられている。

また、日中の「誘導発話」の使用頻度、連続使用数、及び言語形式から、日本語では、勧誘者が、「誘導発話」を一回のみしか使用しないことから、相手に負担をかけることをできるだけ避けて、直接あるいは何度も触れないように配慮する誘い方をすると述べ、さらに「誘導発話」の「連続使用」はできるだけ控えると同時に、相手に無理やりに押し付ける印象を避けようとしていることが分かった。それに対して、中国語の場合は「誘導発話」の連続出現数が多く、相手への負担よりは相手の利益を優先し、誘いを成功させるため積極的に働きかけると述べられている。

相手と距離をおいて、押し付けがましさを避け、相手に配慮するストラテジーを使用しているのに対し、中国語では、(共に参加することへの)共通の連帯意識を増幅させ、相手の利益を最大にし、魅力的条件を提示しつつ相手優先で進めようとしているという。その日中の勧誘会話を「配慮型」と「交渉型」と名づけている。

また、黄(2014)では、日中の勧誘会話の先行部[1]と誘い表現の使用について分析し、日中の勧誘会話における勧誘者の言語行動について対照研究をしている。その結果、日本語の「誘い」談話の先行部の先行連鎖には一定の規範があり、それが談話の展開パターンとして明らかであるという。日本語母語話者は「お腹空いためっちゃ」のような「状況説明」、「お弁当持ってきた?」

---

1 【先行部】は、「誘い」談話において、「誘い」に入る前に前提条件を尋ねたり状況を説明したりする段階である。(黄2014:46から引用)

のような「条件確認」などの「先行連鎖」[1]を用いることによって相手に誘いの予告を伝達し，突然相手の領域に立ち入ることによってもたらす唐突感や不快感を解消しようとしているのに対し，中国語母語話者には先行部の段階が明確に踏まれない傾向があり，談話の展開パターンにおいて日本語母語話者と異なる言語行動を取っていると述べられている。しかし、黄（2011、2012、2014）は、勧誘者の言語行動を中心に分析を行ったもので、日中の被勧誘者の言語行動にどんな特徴があるかについては言及していない。

また、李（2013）では、日本語母語話者、中国人日本語学習者、中国人非日本語学習者を対象とした「断り」表現を分析し、「断り」表現の使用や、中国人日本語学習者の誤用、母語の干渉などについて考察している。談話完成テストの手法を用いて、上下関係と親疎関係による「依頼」、「勧誘」に対する「断り」表現の使用を調べている。その結果、勧誘を断る場面では、日本語母語話者と中国国内にいる日本語学習者は親しい目上に「理由説明」が多く、双方のポジティブ・フェイスに配慮するが、親しくない目上と同輩には「お詫び」が多く、相手のネガティブ・フェイスに配慮している。一方、中国人留学生は目上には親疎とも双方のポジティブ・フェイスに配慮するが、同輩には親疎によって配慮するフェイスが異なっている。親しい同輩にはポジティブ・フェイスを配慮するが、親しくない同輩には自分のネガティブ・フェイスを守ろうとしていた。また、日本語学習者の「ちょっと」の過剰使用や、「中途終了文」の種類と機能に関する知識の不足などが指摘されている。

---

[1] 黄（2014）では、Schegloff（2007）を引用し、ある連鎖の前に来て「先行」と認識されるものを「先行連鎖」とし、ほかのものの前置きとしての機能を果たす。本研究でいう「先行発話」に近い。

2.1.3　日中の勧誘に関する先行研究のまとめ

　2.1.1と2.1.2では、日本語の勧誘と、日中の勧誘の対照に関する先行研究について紹介してきた。先行研究では以下のようなことが明らかになった。
　（1）勧誘の仕方は、勧誘の内容、状況、人間関係などによって異なり、用いられる言語形式も異なる。
　（2）勧誘会話の構造は一回性／習慣性、現場的／非現場的によって異なる。勧誘会話が＜導入部＞＜勧誘部＞＜相談部＞＜終結部＞の四つに分けられるが、＜勧誘部＞以外の三つは、場合によって出現しないこともある。
　（3）勧誘に入る前に日中の談話の展開パターンが異なる。日本語では「お腹空いた」「お弁当持ってきた？」のような発話をしてから勧誘に入るが、中国語では、勧誘に入る前に明確に踏み込まない傾向がある。
　（4）勧誘発話の言語形式については、日本語では「相手の意向を尋ねる」という誘い方が多く使用されるのに対し、中国語の方は「自分の意向を述べる」を多用している。
　（5）日本語では相手と距離をおいて、押しつけがましさを避け、相手に配慮するストラテジーを使用するのに対し、中国語の方は勧誘を成功させるため積極的に働きかけ、日中の勧誘の仕方が違う。

　本書では、日中の勧誘の異同を分析するが、特に先行研究で言及されることのなかった「被勧誘者が勧誘内容に興味がある場合と興味がない場合の言語行動の違い」と「日中の勧誘会話における会話参加者の配慮の仕方の違い」の二つの点に注目する。

これまでの研究は勧誘者の言語行動に注目することが多く、被勧誘者の言語行動、例えば、被勧誘者が勧誘内容に興味があるかどうかによりどのような言語行動を行うか、その言語行動にどのような特徴が見られるか、などについての研究が少ない。また、これまでの研究により日中の勧誘会話の相違点が解明されつつあるが、その日中に違いが見られる一つの要因である日中の配慮の仕方について論じる先行研究は少ない。本書では、被勧誘者が勧誘内容への有無による日中の被勧誘者の言語行動、日中の勧誘会話における勧誘者と被勧誘者のお互いに対する配慮の仕方についても考察する。

2.2　聞き手の言語行動に関する先行研究

　対話において、話し手が話を進めていくためには、聞き手からの反応や働きかけや助けが必要であり、話しことばによるコミュニケーションは聞き手の積極的な参加によって成立する(堀口 1997)。聞き手行動は大きく言語行動と非言語行動の二つに分けられるが、ここでは、聞き手の言語行動に関する先行研究について紹介したい。日本語において、あいづちは聞き手の言語行動の一つの大きな特徴であるため、本書では一節（2.3）を立ててあいづちに関する先行研究を紹介する。

　堀口（1990）では、聞き手からの働きかけをあいづち、先取り、応答、反応、確認・聞き返し、問い返し、問いただしの7種類に分け、上級日本語学習者の対話における聞き手としての言語行動を、日本人同士の対話における聞き手からの働きかけのデータと比較し、学習者は日本人より働きかけが少ないこと、聞き手としての言語行動にはあいづちや先取りや応答だけでなく、反応、確認、問い返し、問いただし、などの種類の働きかけの使用も必要だということが分かった。

さらに、堀口(2007)では、聞き手の働きかけとしてのあいづち、先取り、応答、反復要求、説明要求、確認要求などを取り上げ、日本語学習者はこれらの働きかけを使いこなして、幅の広い働きかけができるようになることが望ましいと述べている。

堀口(2007)ではあいづち、確認要求、反復要求、説明要求、応答、先取り発話を以下のように説明している。

(1) あいづち：あいづち詞（はい、うん、そう、ほんとう、なるほど、そうですね…）

繰り返し：聞き手は話し手の話を聞きながら、相手の直前の発話の一部または全部を繰り返すこと。
A：残念ながらないなー
B：ないですよね

言い換え：A：同じ年に入ったんですけど
B：同期生

先取りあいづち：話し手がこの先言おうとしていることを聞き手が予測した上で打つあいづち
A：いっぺんお父さんとゆっくり、こう、本人が話し合える状況を
B：ああ、そうですか

笑い（非言語行動、うなずき、頭の横振り、驚きの表情など）

(2) 確認要求：聞き手は自分の聞き取りや理解が正しいかどうかの確認を話し手に要求することである。
1E：もともとしんちゅう死はあの情死だけに、情事、つまり、あの男女
2F：じょうじ？
3E：情事

(3) **反復要求**：話し手が言ったことがよく聞き取れなくても
う一度言ってほしいという要求
1I：学生総数は何人いるんですか？
2J：はい？
3J：がくせい
(4) **説明要求**：
① 語句の意味がわからない
② 語句の意味はわかるが、話し手のさして
いるものやことが具体的に特定できない
③ 話し手の発話の言語的意味はわかるが、
それで話し手が何を伝えようとしているの
か、その意図がわからない
④ 話し手の発話の言語的意味はわかるが、
どうして話し手がそのような発話をするの
か、その理由や事情がわからない
(5) **応答**：情報要求（質問、同意要求）や行為要求（単独行
為要求、共同行為要求）や注目要求のような話し
手からの働きかけに対して、聞き手が応じる発話
である。
L：神概念ですか
K：そうです
(6) **先取り発話**：話し手がこの先言おうとしていることを聞
き手が予測して話し手より前に言ってしま
う発話
A：桑の実なんか都会の子はもう
B：知らないでしょうねぇ

また、藤井（2001）では、台湾からの短期留学生の来日直後
と5か月後の会話をもとに、日本語母語話者の場合と比較しな

がら、日本語学習者の「あいづち」「先取り発話」「繰り返し」の使用と会話の上達を考察している。その結果、先取り発話と繰り返しのストラテジーを習得することが会話の上達の一つの要因であると指摘し、日本語学習者は単純なあいづちだけではなく、先取り発話や繰り返しといったストラテジーの使用が期待されるという。

久保田（2001）では、日本語と英語の会話資料をもとに、聞き手の働きかけとして、聞き返し、先取り、繰り返し、言い換え、完結、質問を取り上げ、「確認のあいづち」との関連を調査している。分析した結果、日本語と英語のどちらも、聞き手の働きかけとしての聞き返し、言い換え、完結、質問などがあると、話し手はそれに応え、さらにその応えを聞き手が確かに受け取ったというシグナルとして確認のあいづちが打たれる傾向があると指摘している。

本書では、被勧誘者が勧誘内容に興味がある場面と興味がない場面において、被勧誘者が勧誘者からの発話に対してどのように対応するか、その言語行動の特徴を分析するが、被勧誘者のあいづちの使用、勧誘内容に対する情報要求、意見提示などが重要な役割を果たしていると考えている。

2.3　日中のあいづちに関する先行研究

日本語のあいづちに関する先行研究、日中のあいづちの対照に関する先行研究は劉（2012）修士論文の7—23頁で述べたが、ここでは、それを説明し、その次に、劉（2012）の分析結果を紹介し、最後に先行研究の問題点を指摘する。

2.3.1　日本語におけるあいづちの研究

2.3.1では、日本語におけるあいづちの表現形式、あいづちの機能に関する先行研究を順に紹介する。

2.3.1.1　日本語のあいづちの表現形式に関する研究

あいづちの定義と、どこまでをあいづちと考えるかは研究者によって異なっている。堀口（1990、2007）のあいづちについての研究はすでに言及したが、他に、陳（2001）、塚原（2001）などがある。陳（2001）は、あいづちをその「形式」と「出現位置」によって以下のように5つに分けている。

陳（2001）によるあいづちの分類：
(1) 「はい」系：「はい」、「ええ」、「うん」、「ふん」等
(2) 「そう」系：「そう」、「そうですか↓」、「そうですねー」等
(3) 「その他」系：《「はい」》系と《「そう」系》以外によく見られる「へー↓」、「ああ↓「えっ↑」、「ふーんー↑」等の驚き、反問などの感情を表す表現。
(4) 類型（1）（2）（3）の二つ以上が複合したもの：「ああ、そうですか↓」、「ええ　ええ　はあー↓」、「ああ　そうなんですか↓」等。
(5) 話し手の話を先取ったりするような表現。
　　1C：木曾福島の　ごめん　ごめん（0.2）12時52分だ（.）
　　2R：ほお（0.8）
　　3C：12時52分（0.3）
　　4R：でいけば
　　5C：その次が1時54分で2時になるとちょっと　間に合わないんで

C（妹・50代）はR（姉・60代）に頼んで駅まで連れていってもらうために、時刻表を調べ、都合がいい時間をRに伝えている。RはCが12時52分の電車でいくつもりだろうと今までの話から推測して4Rの発話で3Cの発話を先取っている。

　また、塚原（2001）は、あいづちを「音」によって、主に7種類の音の始まりで分類した。
　塚原（2001）によるあいづちの分類：
1)　「うん系」：うん、うーん　等
2)　「え系」：ええ、えっ　等
3)　「はい系」：はい、はーい　等
4)　「あ系」：あー、あっ　等
5)　「そう系」：そう、そうです、そうなんです　等
6)　「はへほ系」：はー、へー、ほー、ふーん　等
7)　「その他」：あら、なるほど、いえいえ　等

　先行研究におけるあいづちの範囲は次のようにまとめられる。

表2-1　先行研究におけるあいづちの範囲

	松田(1988)	メイナード(1993)	陳(2001)	塚原(2001)	大浜(2006)	堀口(2007)
あいづち詞	○	○	○	○	○	○
繰り返し	○				○	○
言い換え	○				○	○
先取り・文完成	○		○		○	○
非言語行動	○	○				○

　本書では、堀口（1997）のあいづち表現形式の分類方法を使用するが、先取り、非言語行動をあいづちとして扱わない。

2.3.1.2　日本語のあいづちの機能に関する研究

先行研究ではあいづちの機能について様々な指摘がなされているが、「聞いているということを示す」及び「わかったということを示す」という働きをあいづちの機能として認める点ではほぼ一致している。

堀口（1988）は、この２つ以外に「同意」、「否定」、「感情の表出」の３つを加え、松田（1988）、喜多（1996）は、これらの他に「間をもたせる」という機能を指摘している。ザトラウスキー（1993）は、あいづちを「注目表示」[1]という発話機能として扱っており、「注目表示」の発話機能を継続、承諾、確認、興味、感情、共感、感想、否定、終了、同意、自己注目[2]の11項目に分類している。

また、今石（1992）は、あいづちの機能を大きく「促進型」と「完結型」の二つに分けている。促進型とは話の内容について聞いている、また理解していることを示し、話し手を安心させ話を進めていく上で促進剤[3]として機能するものであり、完結型のあいづちは、驚きや確信などを示し、話の終わりにその内容について聞き手が何らかの感情を示したり内容をまとめて完結したりする機能を持っているとしている。

松田（1988）は、消極的あいづちの使用を挙げ、あいづちには、「聞いているという信号」「理解しているという信号」「同意の信号」で、積極的に相手に話を進めさせる方向に作用する

1　注目表示には、「あいづち的な発話」だけでなく「実質的な発話」もあり、相手の発話、相手の存在、その場の状況・事物の存在などを認識したことを表明する。
2　自己注目表示とは、「自分で自分の発話に相づちを打つ」というものである。ほかの研究ではあいづちとして扱われていないものであった。
3　促進型のあいづちは文の途中に使用され音節も短いことから相手の話の流れに大きく影響するものではない。

ほかに、「否定の信号」「感情の表出」「間をまたせる」のような機能を果たす場合や、あいづちの不使用などによって消極的に作用させることで、反論を述べる緩衝材としたり、相手にさらに説明させたり、話の進む方向を変更させたりするという効果を発揮することができると指摘している。

また、松田（1988）は、あいづちの機能は互いに対立的なものではなく、同時にいくつかの機能を兼ねることも多く、どちらが主になるかという程度の差であることも多いものである。音調、抑揚等によっても異なると指摘している。ここで、松田（1988）のあいづちの機能と音調についての研究を紹介する。

松田（1988）によるあいづちの機能分類：
(1) ① 聞いていることを伝える。
　　② 話について言っている（追随している）ことを伝える。
　　　　A：ぼくはね、五階だったと思うんですけども、
　　　　B：　　　　　　　　　　　　　　　　<u>え</u>
　　　　A：こう、鰻の寝床みたいな所でね、住んでましてね。
　このような場合は「ん↓・ふん↓・はい↓・え↓」などの軽い音調のものが使われる。

(2) ① 話し手が伝えた情報の了解を伝える。
　　　　A：どこでお亡くなりになったんですか。
　　　　B：松本なんです。
　　　　A：<u>あ、そうですか↓</u>
　これには「そう↓・そうですか↓・ふーん」など軽い調子で使われる。
　　② 話し手の言おうとする気持ちがよくわかることを伝える。
　　　　A：自然とね、あしたのまんまの

B：　　　　　　　　　ん　ん
A：素直な
B：　　　ん　ん
A：あしたのまま
B：　　　　　　ん　ん
A：で表現できたから
B：　　　　　　　　よかった
A：よかった。

　これには「んん・ええ・えー」などや、大きなうなずきを伴う「うん」や繰り返し、先取りなどが使われる。

③ 初め理解できなかったり、思い出せなかったことを、理解したり思い出したこと（知識の共有）を伝える。

　　　A：私もやったことあるもの。アメリカで免許の試験受けに行った時
　　　B：あ、そうかそうか↓

　Bのあいづちはそのときのことを知っていたことを伝えるもので、ほかに「ああ↓・あ、ああ・はあはあはあ↓・あ、そうか↓」などが使われる。

(3) ① 正しいという同意を伝える。

　　　A：それが『火事だ』って言ったら
　　　B：ん
　　　A：誰も出てこなくて
　　　B：そう
　　　A：『ファイアー』って言ったらすぐ出てきましたか。

　これには「はい↓・うん↓・そう↓・そうです」などが使われる。

② 共感を伝える。

　　　A：だから、やっぱり大へんですよね、
　　　B：ええ↓

A：未亡人におなりになった方が
　　B：本当にそうですよね
　　A：いきていくっていうのはね
　　B：ねえ↓

「うん・ええ・ねえ・そうですねえ・そうそう・ほんとにねえ・そりゃそうですよね」など、下降調で強く言われるもので、繰り返しや先取りも、共感を示すことが多い。

③ 納得を示す。

「なるほど・なるほどね・ふーん」というようなものが使われる。強い調子で言うと共感に近くなり、あいまいな調子で言うと否定的な気持ちを表す前にちょっと同意しておくというような場合にも使われる。

(4) ① **あいまいな同意を示す。**

「まあそうですね→・ふーん→」などが使われる。

　② **否定的な気持ちや疑いを示す。**

「そうですかねえ↓・そうですか↑・そおお↑・ふーん↓・」や繰り返しなどが使われる。

(5) ① **強い感情の表出**

　② **興味・関心を示す。**

「へえー・ふーん・はーん・そうですか↓・あ、ほんとー↓・うん・そおお↓・繰り返し・先取り・言い換え」などがいろいろな調子によって、さまざまな感情を伝える。

(6) **間を持たせる。**

音声は「ん、ん」など弱いもので、主にうなずきを繰り返すことによって、次にどちらかが話し始めるまで、余韻のように続けられるものである。

以上のように、日本語のあいづちの機能に関する研究は多く行われている。堀口（1997）が、日本語のあいづちの機能について先行研究をまとめたものを表にすると以下のようになる。

表 2-2　日本語におけるあいづちの機能（堀口 1997）

あいづちの機能	例	状況説明
① 聞いているという信号： 「聞いている」ということを「はい」とか「ええ」などの言語表現で表出する	1A：小学校 4 年生の女子のことなんですけれども 2B：はい 3A：実は去年の 7 月だったと思うんですけれども 4B：はい 5A：その時にあのちょっと胸のあたりが苦しいっていうことを訴えまして 6B：はい ……（後略） （堀口 1997）	＜子供と教育電話相談＞に現れた会話で、A は相談者で、B は回答者。回答者 B は相談者 A の話を聞いている。
② 理解している信号： 聞き手は、話し手の言うことを聞きながら理解した時に、「わかった」ということを言語形式で表出する	1A：ちょっと、わたし、今さあ、 2A：吉祥寺から—、 3A：ていうか、 4A：あたしきょう立川だったんだよー。 5B：ああ、そうなんだ。 （ザトラウスキー 1993）	A は今日自分の行ったところを B に話している。
③ 同意の信号： 聞き手は、話し手の言うことを聞いて理解し、さらにそれに同意だという信号を送る	1A：そういうわけで、 2B：はい、はい、はい、はい 3A：うん （ザトラウスキー 1993）	A と B が相談が終わったところで、B は「はい」で分かったという理解していることを A に伝え、A はそれを受けた後、「うん」でこれで行こうという同意の気持ちを伝えている。

続表

あいづちの機能	例	状況説明
④ 否定の信号：聞き手は、話し手の言うことを聞いて理解したが、賛成ではないあるいは納得できないというような信号を送る	1A：初期だからはずかしくて、今ね。もうこれからつかわないで 2B：いえ 3A：また作って、今度持って 4B：いえ （堀口 1997）	AはBにあげたはんこはてん刻を始めた初期の物で、Bに新しいのを作るから、元のをもう使わないでとBに話している。
⑤ 感情の表出：聞き手は、話し手の言うことを聞いて感じた驚き、喜び、悲しみ、怒り、疑い、同情、いたわり、けんそんなどいろいろな感情をことばで表す	1A：アノー、滑降しますとエー　70キロぐらい 2B：70キロぐらい出ます？ 3A：出ます 4B：ほー （堀口 1997）	4Bの「ほー」は70キロというスピードに対する驚きを表している。

（堀口（1997）での指摘をもとに筆者が作成）

堀口（1997）によれば、あいづちの機能は以下のようにまとめられる。

あいづちの機能は、基本的には話し手と聞き手との間における情報共有の確認である。①の聞いているという信号は、話し手から見れば、現在の発話を継続してもよいという許可をもらったということである。①と②の違いは微妙である。理解はしていなくても継続してもよいという信号を与えるか、理解して聞いているから継続してもよいという信号を発するかは、聞き手の知識、話し手と聞き手との間の情報共有量による。③、④、⑤は理解していることが前提となって初めて発せられる信号である。③は聞いて理解したことに対する同意、④は否定、⑤は

その内容に対する聞き手の驚き、喜び、悲しみ、怒りなどの感情を表現したものである。

2.3.2　日中あいづちの対照研究

2.3.2.1　日中あいづちの特徴

　会話がどのように行われるかには、文化や、価値観が影響している。水谷（1983）は、日本語には「共話」という特質があることを指摘しており、話し手の意見や、事実との関係を重視するよりは、話し手や聞き手の感情や、人間関係に対して、より敏感な構造を持っていると述べている。また、会話をする際、自分を相手に同調させ、相手の気持ちになることが大切である（鈴木1985）という指摘もなされている。水谷（1993：9）は、「共話」と「対話」を区別し、「「対話」は相手との共通の理解をせず、相手の賛同や同感をとくに期待せず、しかも自分の意思や意見を相手に理解させることを目的として話すことである」と述べており、呂（2010）は、中国語の会話スタイルは「共話」より、「対話」に近いという。

　中国語におけるあいづちの研究は、劉（1987）、水野（1988）、楊（2000、2001、2004、2005）、熊（2008）が挙げられるが、多くは日本で行われたものである。中国国内でなされた会話における聞き手の行動についての研究には断片的な記述しか見られない。

　ここで、先行研究によってこれまでに指摘された中日のあいづちの相違点を簡単にまとめてみる。

(1) 表現形式：

　中国語のあいづちより、日本語のあいづちの種類が豊富である。（水野1988、楊1996）

中国語のあいづちによく用いられる言語的な表現は、下降調の「啊系」「嗯系」等の感嘆詞と繰り返しである。（水野1988、陳1993、楊1999、2000）

日本語の方は「ハ系」と「エ系」が一番よく使われている。（楊1996）

(2) 頻度

中国語のあいづちの頻度は、日本語より低い。（劉1987、Clancy他1996、楊1999）。中国語のあいづちの頻度の個人差は、日本語より大きい。（劉1987、楊1996）

(3) 待遇性

日本語のあいづち詞には待遇性があり、中国語のあいづち詞には待遇性がない。日本語は相手との親疎関係及び上下関係によってあいづち詞を選別して使うのに対して、中国語にはそのような制限はない。（水野1988、楊1999、熊2008）

(4) 出現位置

中国語のあいづちは主に文末に出現している。（劉1987、Clancy他1996、楊2000）

日本語のあいづちは接続助詞（て、ので、けど、から、等）、終助詞（よ、ね、等）や間投詞（ね、さ）などがつく文法的完了点に出現する割合が多い。（メイナード1997、呂2010）

(5) 機能

中日のあいづちの機能はほぼ同じである。しかし、あいづち詞の意味領域の面では、日本語の方が中国語より広く、「はい」「ええ」「うん」「そうですか」等のひとつの言語形式が同時にいくつかの機能を持っている。

それに対し、中国語では、あいづち詞として使われるとき、意味範囲が比較的明確である。（楊1996）中国語の場合は、あいづちを打つことで自分の感情を表出することが比較的少ない。（楊2001）

(6) あいづちについての意識

楊（1999：37）は「中国人同士が会話をする時には、話し手側にあいづちを求める意識があまりなく、あいづちはもっぱら聞き手自身が聞いている、または理解しているというシグナル、また話し手に対する尊重を表す手段として使われている。日本語のような常識になっている、決まりきったあいづちの適切なタイミングがなく、聞き手の判断に任せられる部分が大きいということは、中日のあいづちに関するもっとも根本的な違いと思われる。」と述べている。

「聞き手側」：中国人は、あいづちを話し手に対する敬意や謙虚に聞いている自分の態度を示す手段として使うのに対し、日本人のあいづち使用は、聞き手としての会話に積極的に参加するという協力的、同調的な態度を話し手に示すことに重点を置いている。（楊2000）

「話し手側」：日本人は会話をする時、話し手側にあいづちを求める意識があり（水谷1988、杉藤1989）、話し手はあいづちを打ちやすい環境を意図的に提供している。（楊2006：311）

(7) 非言語行動の使用

「対面してコミュニケーションする時、中国人は非言語的なあいづち行動をより重視し、（言語的なものを伴わない）うなずき、視線、微笑みなどの表情によって話し手に対する敬意や話の内容に対する理解を示す傾向が強い。」（楊2000：93）

また、熊（2008：65）は、「日本人は非言語的表現のうなずきを多く使う傾向がある。」と述べている。

2.3.2.2　中国語の「嗯」と日本語の「うん」に関する先行研究

　中国語の「嗯」と日本語の「うん」は発音が似ており、機能的に似ているように見えるが、先行研究から以下のような相違点が指摘されている。

（1）待遇性

　日本語のあいづちには待遇性があるが、中国語のあいづちには待遇性がない（熊（2008）、水野（1988）、楊（2000））。日本語の「うん」も待遇性を持ち、中国語の「嗯」の場合は待遇性について制限はない。

（2）機能

　黄（2002）は、日本語の「うん」は、①のように、「ぜひ」「もちろん」という依頼に対する承諾を表す文脈では使えるが、中国語の「嗯」は②のように、「いったん間を置いて、話し手の中で情報調整をおこなっている」ことを表す表現であると述べている。音声的には、日本語の「うん」と似ているが、機能が異なると述べている。

①　甲：誰か中国語の通訳ができる人を紹介してくれない？
　　乙：（「考えるまでもなく当然だ」という様子で）
　　　うん、もちろんいいですよ。　　　　　　（黄2002）

②　甲：您能不能帮我介绍一个中文翻译？
　　　どなたか中国語の通訳ができる人を紹介していただけませんか？
　　乙：（軽く答える）

嗯，可以啊。
ええ、いいですよ↑。　　　　　　　　　黄（2002）

　①の日本語の「うん」は、すぐに承諾しているのに対し、②の中国語の乙は、「嗯」と言うことで、一瞬吟味してから、「可以啊」と承諾をしている。もし中国語の乙が日本語の乙のように「考えるまでもなく当然だ」と思っているなら、「好啊，没问题」（いいよ、問題ない）や「行，当然能了」（オッケー、もちろんいいよ）のように答えると考えられる。

　また、楊（2004）は、一部の同一形態が異なる機能を重ね持っているものを除外すれば、各々の機能に対応するあいづちの主な形態があると指摘し、以下のようにまとめている。

　短く発音する「嗯」「啊」は、主に「聞いている」機能を果たす。

　長めに発音する「嗯」「啊」（つまり「嗯ー」「啊ー」）や連続して使用する「嗯」（つまり「嗯嗯」）及びうなずきを伴った「嗯」は主に「理解・了解」の機能に用いられる。

　うなずきを伴った「嗯」及び連続して使用する「嗯」は、「嗯」と共に「同意・共感」の機能を持つ。

①（S1は各大学の中国語教育のレベルや歴史について紹介している）
S1: 如果说教学水平吧，应该说语言学院的最好。
C3:　　　　　　嗯 (a)　　　　　　　啊ー (b)
（日本語訳）
S1: 教授レベルについていえば、言語大学が一番いいでしょう。
C3:　　　　　　ハイ　　　　ア、ソウデスカ
　　　　　　　　　　　　　　　　　　（楊 2004）

② (S2は大学の研究生になることを希望する友人のことについて話している)
S2：我说我完全能理解你这种心情。　不是那么回事。
C5：　　　　　　　　　嗯嗯（c）　　　是啊
（日本語訳）
S2：あなたの気持ちは良く分かると彼女に言ったけど、
　　　それは無理でしょ。
C5：　　　　　　　　　ウンウン　　　　ソウネ

　また、日本語の「うん」については、定延（2002）では、相手の内容に見当がついたり、激しく同意したりする場合には、あいづちの「うん」の出現ペースが速くなると述べている。例えば、以下の会話を例に挙げている。
　X：あの2次会だって、田中の仕切が悪いわけでしょ。
　Y：　　　　　　うん。　　うん　うん　うん　うん

定延（2002）

　例のように、2次会で生じた問題を田中の責任と位置付けるというXの発話内容がYに見えてきた時点から、Yの「うん」が頻繁になるという展開は不自然ではない。
　一方、発話を受ける人間の事情には、相手の発話をもっと展開させるのではなく、早くやめさせたい場合に、あいづちの「うん」が多用されやすくなる（定延2002）。次の例のように、「うん」を多用しているYには、早くXとの話を切り上げたいという意図が感じられる。すなわち、あいづちの「うん」は、相手の発話を盛り上げようとする合いの手とは異なっている。
　X：その場合はまた改めてこちらから電話しましょうか。
　Y：　　　　　うん　うん　うん　うん　うん　うん　うん

定延（2002）

また、松田（1988）では、このようなあいづちの用法を「消極的あいづちの使用」と呼んでいる。松田（1988）は、その「消極的あいづちの使用」については、以下のように述べている。

a.「聞いていないときにも適当に「ウン、ウン」とあいづちを打って聞いているふりをする。

b. 音調やタイミングによっては「ハイハイハイ」なども「そんなことはわかってる」という苛立ちを伝えたり、おもしろくないという否定的感情を伝えることもある。

c. 意図的にあいづちを打たないことによって何かを伝えようとする場合もある。

例えば、話し手の言おうとしている意図がわからないことを伝えるときや、話し手の意図が聞き手にとって関心のないものであることを伝えるときである。

2.3.2.3 劉（2012）における日中のあいづちの分析結果及び残された課題

劉（2012）では、日中のあいづちを単独に見るのではなく、談話レベルで日中のあいづちの使用を分析している。談話構造の研究が進んでいる勧誘を選び、勧誘会話を＜導入部＞＜勧誘部＞＜相談部＞＜終結部＞の四つに分け、部分ごとにあいづちの使用を考察している。劉（2012）は、大学生・女性同士・親しい関係に限定し、中国語母語話者と日本語母語話者20人ずつにロールプレイを依頼し、全ての会話を録音して、データの収集を行った。分析の結果、日中のあいづちの出現は勧誘の談話構造とその中に現れる発話連鎖に関係していることが分かった。

中国語のデータでは、＜導入部＞と＜勧誘部＞が勧誘者の一連の発話の中に続けて出現するものが多く、勧誘者は勧誘内容に関する情報提供をしてから、被勧誘者の応答を待たずに、すぐ勧誘の発話を発している。それに対して、日本語では、勧

誘者が被勧誘者の都合や好みなどについて情報要求し、勧誘内容に関する情報提供をいろいろし、被勧誘者によるあいづちによって、協力されながら勧誘を行っている。中国語においても同様に勧誘者からの勧誘内容に関する情報提供中に、被勧誘者のあいづちの使用が見られたものの、日本語に比べれば中国語の方は極めて少なかった。中国語は情報の獲得を中心にしているが、日本語の方は相手との協調を重視ている。

また、中日の発話連鎖の特徴については、中国語の方は被勧誘者Bが勧誘者Aに自ら情報要求をする「B【情報要求】－A【情報提供】、B【情報要求】－A【情報提供】…」というパターンが特徴的であり、日本語の方は被勧誘者Bがあいづちを打ちながら、勧誘者Aの情報提供を待つ「A【情報提供】－B【あいづち】、A【情報提供】－B【あいづち】…」というのが特徴であった。

従って、日本語の方があいづちの使用頻度が中国語よりも高いのは、中日の談話構造と発話タイプに起因すると述べられている。

また、劉（2012）では、発音が類似する日本語の「うん」と中国語の「嗯」の使用についても考察し、日本語の「うん」と中国語の「嗯」は両方とも、実質発話とあいづちとして扱われているが、あいづちとして使われる場合、日本語の「うん」は、「理解しているという信号」として、中国語のあいづちの「嗯」は「同意の信号」として最もよく使用されており、あいづちとして扱われる場所や果たす機能などが異なっている点を相違点として挙げられている。こうした違いが原因で、中国語を母語とする日本語学習者たちが使う日本語の「うん」に違和感が生じるのではないかと指摘している。

以上、劉（2012）の勧誘会話における日中のあいづちの使用について紹介してきた。劉（2012）は、あいづちを具体的な会話の展開の中で分析したのが大きな特徴であるが、

あいづちの機能別の出現位置などについて言及せず、また劉（2002）では被勧誘者が勧誘内容に興味がないとロールカードで設定しているが、被勧誘者が勧誘内容に興味がある場合のあいづちの使用はどうなっているか、被勧誘者が勧誘内容への興味の有無によりあいづちの使用にどんな相違点が見られるか、それらの課題がまだ残されているままである。

3 データ収集の方法と分析の枠組み

3.1 データ収集の方法

　データの収集にはロールプレイを用いる。データ収集の方法としてロールプレイを使用するのは、ロールプレイには自然会話と異なる可能性があるという欠点があるが、利点として、会話に影響を与える会話参加者の関係や、状況、媒体（対面か電話か等）などの要素を統制できるからである。

　勧誘会話における勧誘者と被勧誘者の言語行動は、性別、相手との人間関係（親・疎／目上・同等・目下）などによって異なるため、全てを調査することは難しい。そこで、本研究では、調査対象を親しい関係・同等・女性同士に限定し、「被勧誘者が勧誘内容に興味がある」と「被勧誘者が勧誘内容に興味がない」という二つの場面を設定した。

(1) 調査協力者及び実施期間

　「被勧誘者が勧誘内容に興味がある場合」（以降、場面①と呼ぶ）と「被勧誘者が勧誘内容に興味がない場合」（以降、場面②と呼ぶ）のデータはそれぞれ中国語母語話者と日本語母語話者から収集した。なるべく自然会話に近づけるため、実際に親しい関係にある2人を1組として、勧誘のロールプレイを中国語母語話者と日本語母語話者各10組に依頼し、すべてICレ

コーダーで録音した。同様の調査を「被勧誘者が勧誘内容に興味がある場合」と「被勧誘者が勧誘内容に興味がない場合」で実施し総計 40 組のデータを収集した。

場面①の日中のデータ収集は 2013 年の 6 月と 11 月の間に行った。場面②の日中のデータ収集は 2011 年 8 月から 11 月までの間に行った。

詳しい調査背景は表 3-1、表 3-2 の通りである。「被勧誘者が勧誘内容に興味がある場合」と「被勧誘者が勧誘内容に興味がない場合」では調査協力を依頼した被験者が異なる。

表 3-1　本書の「被勧誘者が勧誘内容に興味がある場面①」の調査概要

言語 調査背景	日本語	中国語
調査対象	女性同士・親友・20 代前半 大阪在住の大学生・大学院生	女性同士・親友・20 代前半 大阪在住の大学生・大学院生
調査人数	20 名	20 名
収録した データ数	10 組	10 組
実施期間	2013 年 6 月	2013 年 6 月、11 月

表 3-2　「被勧誘者が勧誘内容に興味がない場面②」の調査概要

言語 調査背景	日本語	中国語
調査対象	女性同士・親友・20 代前半 大阪在住の大学生・大学院生	女性同士・親友・18—19 歳中国の大連在住の大学生
調査人数	20 名	20 名
収録した データ数	10 組	10 組
実施期間	2011 年 8 月—11 月	2011 年 8 月—11 月

(2) ロールカードの設定

　筒井（2002）で述べられているように、勧誘会話は習慣性／一回性、現場的／非現場的によって談話構造が異なり、習慣性／現場的な勧誘から、一回性／非現場的な勧誘会話へと構造が複雑になっていくという。今回は日本語学習者に難しいと思われる「親しい友達を焼肉に誘う」という一回性／非現場的な勧誘内容にした。ロールカードは以下の通りである。本書ではAを勧誘者、Bを被勧誘者としている。

　その二つの場面のA（勧誘者）のロールカードは同じ内容で、B（被勧誘者）のロールカードは興味がある場合と興味がない場合の二種類がある。日本語版と中国語版のロールカードは以下の通りである。中国語の調査対象には中国語版のロールカードを使用した。

日本語版：

【ロールカードA】・勧誘者

あなたは大学生です。
<u>Bさんはあなたの親友です。</u>あなたとBさんは、入学時よりずっと同じ授業を受けており、同じゼミに所属していて仲がよく、いつもよく一緒に遊んでいます。
<u>あなたは自分の行ったことのない焼肉食べ放題のお店のことをCさんから聞きました。あなたはいいお店だと思い、金曜日の夜にBさんと一緒に行きたいと思っています。</u>
今日は水曜日です。
今あなたとBさんは教室にいます。<u>Bさんを誘ってください。</u>
焼肉食べ放題のお店について
営業時間：17：00—23：00
値段：一人で2000円／90分
お店の雰囲気が良くて、接客態度もいい。
牛肉、羊肉、豚肉やえび、貝などもある。かぼちゃやたけのこなどの野菜はもちろん、飲み物、果物、ケーキなども揃っている。

【ロールカードB】・被勧誘者
「被勧誘者が勧誘内容に興味がある」場面①：

> あなたは大学生です。
> Aさんはあなたの親友です。あなたとAさんは、入学時よりずっと同じ授業を受けており、同じゼミに所属していて、いつもよく一緒に遊んでいます。
> あなたは最近焼肉にはまっていて、焼肉が大好きです。
> 今日は水曜日です。
> あなたとAさんは教室にいます。Aさんが話しかけてきたら、Aさんと会話してください。

「被勧誘者が勧誘内容に興味がない」場面②：

> あなたは大学生です。
> Aさんはあなたの親友です。あなたとAさんは、入学時よりずっと同じ授業を受けており、同じゼミに所属していて仲がよく、いつもよく一緒に遊んでいます。
> あなたは焼肉食べ放題にはあまり興味がありません。以前行った焼肉食べ放題のお店は値段が3000円以上で、味も普通で、サービスもあまりよくはなかったからです。
> 今日は水曜日です。
> あなたとAさんは教室にいます。Aさんが話しかけてきたら，Aさんと会話してください。

中国語版：

【ロールカードA】・勧誘者

> 你是一名大学生。
> B是你的好朋友。你们经常一起上课，一起上自习，一起去玩，关系很好。
> 你听C同学说了个你没有去过的自助烤肉饭店。你觉得不错，想周五晚上和B一块去。今天周三，你和B在教室。给B介绍一下那个烤肉店，邀请B和你一块去。
> 烤肉店的相关介绍：
> 开放时间，17：00－23：00。一人60元/90分钟。
> 环境不错，服务态度好，干净卫生。
> 有烤牛肉、羊肉、猪肉。有虾类、贝类。有南瓜、金针菇等蔬菜。饮料、水果、糕点等。

【ロールカードB】・被勧誘者
「被勧誘者が勧誘内容に興味がある」場面①：

> 你是一名大学生。
> A是你的好朋友。你们经常一起上课，一起去玩，关系很好。
> 你最近特别喜欢吃烤肉。周五晚上有空。
> 今天周三，你和A在教室。A向你搭话，请与A对话。

「被勧誘者が勧誘内容に興味がない」場面②：

> 你是一名大学生。
> A是你的好朋友。你们同住一宿舍，经常一起上课，一起上自习，一起去餐厅吃饭，关系很好。
> 你以前去过的自助烤肉店价格均在90元以上，服务态度不够好，东西味道也一般。对自助烤肉店已基本不抱任何希望。
> 今天周三，你和A在宿舍。A向你搭话，请与A对话。

3.2 分析の枠組み

3.2.1 本研究で扱う用語の定義

(1)「勧誘」

本研究で扱う「勧誘」は川口他（2002）、黄（2011）を参考に、「自分がいいと思うこと、あるいは自分が行おうとしている行為に相手も共に参加するよう働きかける行為」と定義する。「勧誘」には以下のような特徴がある。

a.「行動」は勧誘される側と勧誘する側と一緒に行う。
b. 行動の「決定権」は勧誘される側に所属する。
c.「利益」は勧誘される側にも勧誘する側にもある。

本研究で扱う「勧誘」には、「どうぞお座りください」や「セールス勧誘」のような「勧め」を含めない。

また、本書では、話し手と聞き手という用語を使用せず、会話参加者を「A：勧誘者」と「B：被勧誘者」と呼ぶことで区別する。

(2) 「発話」の分類

　先行研究であいづちとして扱われているものの中には、あいづちとしても実質発話としても使われる「うん」等が含まれている。同じ言語形式があいづちとしても実質的発話としても用いられることが、日本語学習者の理解を妨げる一要因ともなっていると考えられるため、本研究の分析対象の中心は「あいづち」と「実質発話」であるが、図3-1のように、発話を「実質発話」と「あいづち的表現」に二分し、「あいづち的表現」をさらに「あいづち」と「フィラー」に分ける。

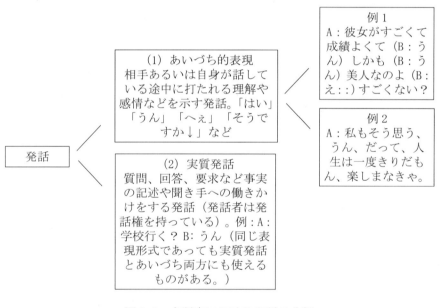

図3-1　本研究における発話の分類

1)「あいづち」

　本研究で扱う「あいづち」は大浜（2006）、堀口（1997）、楊（2006）に基づいて、次のように定義する。

「会話参加者の一方（A）が発話権を行使している間に、または発話権の終了直後に、他の参加者（B）が送られた情報を共有したことを伝える表現及びこれらの表現への反応（例 3-1、3A）として送られる表現をあいづちとする。」

a. 他の会話参加者（A）の発話に直接応えている。
b. その会話参加者（B）はそれに回答する必要がない。
c. その直前の発話者（A）が要求しているわけでもない。

＜あいづちの例＞
楊（2006）、堀口（1997）はあいづち（下線部）として次のような例を挙げている。

(例 3-1) 1A：それにあなたは治療の効果にきっと満足できると思います。
2B：<u>そうですか↓</u>
3A：<u>はい</u>
4B：あのう　そのズボンはおいくらですか

(楊 2006)

(例 3-2) 1A：その作品の中で
2B：<u>はあ</u>
3A：「あと2年か」っていうせりふがあったんですよ
4B：<u>はあ</u>
5A：宣言されちゃうの
6B：<u>はあ</u>
7A：あなたの命はあと2年ですよって
8B：<u>はあ</u>

(堀口 1997)

また、例3-3のように、あいづちの直後に、発話権を取り、続けて実質発話を発する場合は、郭（2003）などではあいづち的な発話として扱っているが、本研究では、あいづち（点線部）とする。

（例3-3）

   A：うちでも妹が　2週間ぐらい前に結婚したんですけどね
   B：あ　そうですか　おめでとうございます

             （郭2003）

2）「フィラー」

本研究では、崔（2012）を引用し、フィラーを「発話権を持つ話し手が発する実質的意味を持たず、かつ他の発話と狭義の応答関係・接続関係を持たず、発話の一部分を埋めるだけの語とする。」（崔2012：8）

（例3-4）A：でなんか行ってみたいなあと思って、うん、どうかなと思ったんだけど。（本研究の分析データより）

「あいづちの表現形式と機能分類」

a. あいづちの表現形式：

あいづちの表現形式に用いる分析枠組みは堀口（1997）に従う。堀口（1997）の分類は以下の通りである。

あいづち詞：はい、ええ、うん、そう、なるほど、そうですね等

繰り返し：　　　（例3-5）
01A：カウラが飛んでたんですよ。
02B：カウラが飛んでた。　　　　　　　　（堀口1997）

言い換え：　　　　　（例3-6）
01A：同じ年に入ったんですけど。
02B：同期生。　　　　　　　　　　　　　　（堀口1997）

b. あいづちの機能：

堀口(1997)ではあいづちの機能を「聞いているという信号」「理解している信号」「同意の信号」「否定の信号」「感情の表出」の五つに分けているが、「聞いているという信号」と「理解している信号」は、例3-7のようにさらに詳しく「聞いている」「聞いている・理解」「理解」の三つに分類できるが、本研究では、「聞いている」「理解・聞いている」「理解」の三つをまとめて「理解」とし、あいづちの機能を「理解」「感情の表出」「同意」「不同意」の四つに分けて分析を行う。

「聞いている」「聞いている・理解」「理解」を表すあいづちの例
　（例3-7）（筆者による作例）
01A：なんかね、
02B：うん。　　　　　　　【あいづち：聞いている】
03A：彼女が言ったの、
04B：うん。　　　　　　　【あいづち：聞いている・理解】
05A：彼氏ができたって。
06B：あ、そうなんだ。　　　　【あいづち：理解】
本研究では、例3-7の02B、04B、06Bの三つを全部【あいづち：理解】と機能ラベルつける。

「感情の表出」を表すあいづちの例
　（例3-8）（筆者による作例）
01A：私アメリカに行ってきたの。
02B：へえ、マジ。　　　　　【あいづち：感情の表出】

03A：そう、しかも一人旅。

「同意」を表すあいづちの例
（例3-9）（筆者による作例）
01A：完璧な人なんていないし、
02B：うんうんうん。　　　　　　　　　【あいづち：同意】
03A：だから、私から何も言えないね。

「不同意」を表すあいづちの例
（例3-10）（筆者による作例）
01A：私が彼の主張にあまり賛成できないね。
02B：う：ん。　　　　　　　　　　　　【あいづち：不同意】
03A：だって、何の根拠もないもん。
04B：まあ、確かに根拠がないだけど、うん、でも、…（略）

3)「実質発話」
実質発話の定義は、杉戸（1987）の「なんらかの実質的な内容を表す言語形式を含み、判断、説明、質問、回答、要求など事実の記述や聞き手への働きかけをする発話。」を用いる。

＜実質発話の例＞（下線部）
（例3-11）
X：昨日は田中と会ったの？
Y：うん。　　　　　　　　　　　　　　　　　（定延2002）

3.2.2 分析の手順
ロールプレイを用いて収集した音声資料は、以下の手順と枠組みにより、分析を行う。

3.2.2.1 録音資料の文字化

録音された音声資料を文字化する。本研究では、文字化のルールは、西坂他（2008）を参考にし、個人名をそのまま表記せず、「○」「○○」のように記号を用いた。

○　　相手の名前を指す。
○○　会話参加者以外の第三者の名前を指す。
[　　複数の参加者の発する音声が重なり始めている時点は、角括弧（[　）によって示す。
h　　笑いを示す。
=　　2つの発話が途切れなく密着していることは、その間に等号を挟むことで示す。
-　　言葉が不完全なまま途切れていることは、ハイフンで示す。
:　　直前の音が伸ばされていることは、コロンで示す。コロンの数は引き延ばしの相対的な長さに対応している。
↓　　発話の音調が下がることを示す。
↑　　発話の音調が上がることを示す。
言葉　音の強さは下線によって示される。
°　°　音が小さいことは、当該個所が°で囲まれることにより示される。

3.2.2.2 日中の勧誘会話分析の枠組み

まず、勧誘会話をザトラウスキー（1997）、筒井（2002）、鈴木（2003）、大上他（2011）を参考にし、＜導入部＞＜勧誘部＞＜相談部＞＜終結部＞の四つの部分[1]に分ける。本研究では、勧誘会

1　大上他（2011）では＜勧誘の導入部＞＜勧誘部＞＜勧誘の相談部＞＜勧誘の終結部＞と呼んでいる。

話の重点である＜導入部＞と＜勧誘部＞を中心に分析を行う。

次に、各発話にコミュニケーション上の機能ラベルをつける。

それから、日中の勧誘会話の＜導入部＞と＜勧誘部＞の有無を分析する。その構造に現れる発話の隣接ペアを観察し、日中の勧誘会話の構造の出現と発話連鎖、日中の会話の展開の特徴を考察する。

さらに、勧誘会話の＜導入部＞と＜勧誘部＞における勧誘者と被勧誘者の言語行動を分析し、日中の配慮の仕方について考察する。得られたデータを分析する際に、両言語の母語話者に対してフォローアップ・インタビューを行い、日中両言語の勧誘会話における勧誘者、被勧誘者の行動を母語話者としての内省を把握し、分析の補助とする。

「勧誘会話の構造分析の枠組み」

本書では、分析の枠組みとして、大上他（2011）の勧誘会話についての談話構造（図 3-2）（大上他 2011：9）を使用する。本書では、日中の勧誘会話の＜導入部＞と＜勧誘部＞に焦点をおき、この二つの部分に現れる発話連鎖や、勧誘者と被勧誘者の言語行動について分析する。

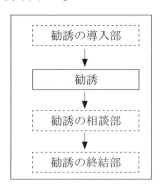

図 3-2　勧誘会話の談話

（点線で囲まれた部分は、出現しない場合もある）

本研究では、大上他（2011）を参考にし、勧誘会話の＜導入部＞＜勧誘部＞＜相談部＞＜終結部＞について、以下のように定義する。（本研究では勧誘者が【呼びかけ】をしてすぐ【勧誘】の発話を行う会話を＜勧誘部＞から会話を始める会話として扱う。）

① ＜導入部＞
勧誘者から被勧誘者への挨拶、勧誘者からの勧誘の先行発話と被勧誘者の勧誘の先行発話に応える発話、スモールトークなども含む。

② ＜勧誘部＞
勧誘者が被勧誘者に一緒にある行為を行うように働きかける発話と、その働きかけに対して応える被勧誘者の発話などから構成される。

③ ＜相談部＞
勧誘者と被勧誘者との間に、一緒にある行為を行うことについて合意形成がされた後の発話である。一緒に、どのような行為を行うのか、どのように実行するかについて相談する発話である。

④ ＜終結部＞
勧誘の談話の終結部に現れる発話である。終結部に現れる発話には、勧誘に関する合意内容の確認、勧誘者・被勧誘者の勧誘の合意が形成されたことに関する感想等がある。

ここで一つの日本語の例を提示しながら、各段階をどのように区切るかを説明する。

(例 3-12)

＜導入部＞

01A：○ちゃんさ、	【呼びかけ】
02B：うん。	【応答】
03A：うちらが入ってるあのう中国語のサークルが	【情報提供】
04B：うん。	【あいづち：理解】
05A：来週イベントがあるの。	【情報提供】
06B：うんうん。	【あいづち：理解】

＜勧誘部＞

07A：箕面公園の焼肉食べ放題のお店でみんなで交流するインベントなんだけど、	【情報提供】
08B：うん、楽しそう。	【あいづち：理解】【プラス評価】
09A：うん、来ない？	【あいづち：同意】【勧誘】
10B：あ：、いいねいいね。	【プラス評価】
11A：なんかよかったらぜひ来てほしくて。	【再勧誘】
12B：へぇ、あ、いいなあ、行きたい。	【あいづち：感情の表出】【プラス評価】【承諾】
13A：いける？	【確認要求】
14B：うん。	【確認】
15A：学校からバス出してみんな乗っていけるし。	【情報提供】
16B：あ：、そっかそっか。	【あいづち：理解】
17A：帰りも入ってこられるから。	【情報提供】
18B：うんうん。何時ぐらいに？	【あいづち：理解】【情報要求】
20A：あのね、今週の土曜の夕方5時に学校のバス停で集合して、	【情報提供】
21B：うん。	【あいづち：理解】
22A：で、そこから出発。	【情報提供】
23B：あ、なるほどね。	【あいづち：理解】
……（中略）	
45B：また入れとくときは○ちゃんに連絡します。	【約束】
46A：お願いします。	【依頼】
48B：うん、は：い。	【受け入れ】

＜相談部＞
```
    なし
```

＜終結部＞
```
  49A：じゃ、土曜日に。                【別れの挨拶】
  50B：うん、［は：い。          【同意】【あいづち：同意】
  51A：    ［は：い。                【あいづち：同意】
```

　この例はAがBをサークルのイベントに誘っている例である。サークルのイベントなので、行う時間や場所が既に決まっており、時間や場所について相談する必要がないため、＜相談部＞は現れていない。相談する必要がある場合には、＜相談部＞が現れるか、後日に相談することについての発話が現れる。
　勧誘の始まりは、勧誘者Aからの呼びかけである。勧誘者Aは被勧誘者Bに名前を使って呼びかけてから、「うちらが入ってる中国語のサークルは来週イベントあるの」と【情報提供】をし、【勧誘】のための前置きをしており、ここまでが＜勧誘の導入部＞である。
　次に、勧誘者Aは「箕面公園の焼肉食べ放題のお店でみんなで交流するインベントなんだけど」という【情報提供】をしてから、「来ない？」という【勧誘】の発話を発している。ここから＜勧誘部＞が始まる。その後、被勧誘者Bが【承諾】した後、勧誘者Aは「学校からバス出してみんな乗っていけるし」などのイベントに関する【情報提供】をしたり、被勧誘者が勧誘内容に関する【情報要求】をしたりすることが見られた。48Bまでが＜勧誘部＞である。
　被勧誘者Bが勧誘を受け入れ、勧誘者Aは被勧誘者Bにイベントに関する情報を提供し、被勧誘者Bが内容を把握でき、即ち、勧誘者Aと被勧誘者Bは勧誘内容について合意した最後に、

勧誘者 A は「じゃ、土曜日に」と別れの挨拶をして会話を終えている。この部分が＜終結部＞で、最後の勧誘者 A と被勧誘者 B の「は：い」で勧誘会話が終わる。

「コミュニケーション上の**機能の種類**」
　勧誘会話における発話に機能レベルを付ける。本書で使用した機能ラベルと、その詳細は以下の通りである。
　【呼びかけ】相手を呼ぶ発話、「〇ちゃん」「あのね」等
　【応答】「うん」のような【呼びかけ】に対する答え
　【情報要求】勧誘者が被勧誘者の都合や好み等についての質問、被勧誘者が勧誘者に焼肉の店の情報についての質問等、相手に情報を要求する発話。
　【情報提供】勧誘者が焼肉の店の位置、営業時間、メニュー等についての説明や、被勧誘者が勧誘者の【情報要求】に対する答え等、情報を提供する発話。
　【プラス情報提供】被勧誘者が勧誘に積極的な態度を示す「最近焼肉大好きで」のような情報を提供する発話。
　【マイナス情報提供】被勧誘者が勧誘に消極的な態度を示す「焼肉あんまり好きじゃないね」のような情報を提供する発話。
　【理由説明】自分の意見や意向の根拠として出されるもの。例えば、【勧誘】の発話に対して「あまり行きたくないかな」と【拒否】した後などに、「この前行ったとこはめっちゃ印象悪かったからね」と理由を説明する発話。
　【勧誘】「行こうよ」「〇〇ちゃんどうかなと思って」等の勧誘者からの勧誘発話。
　【拒否】「行きたくない」等の被勧誘者が勧誘者からの誘いを断る発話。
　【承諾】「うん、行く」等の被勧誘者が勧誘者からの誘いを受け入れる発話。

【保留】被勧誘者が行くかどうかをその時点では言わず、「明日返事してもいい？」等返事を先延ばしにする発話。

【あいづち：理解】「分かった」を表す機能のある「うん」、「ええ」、「そうですか」、「そうなんや」等のあいづち

【あいづち：感情の表出】驚き、喜び、慰めなどの感情を表す機能のある「え」、「ほんとう」等のあいづち

【あいづち：同意】「同意」を表す機能のある「うん」「そう」などのあいづち

【あいづち：不同意】「同意できない」ことを表す機能のある「う：ん」「そうかな」等のあいづち

【評価】お店の情報などに関する「最高」「すごい」等のあいづち的な短い発話

【プラス意見提示】勧誘に積極的な態度を示す「90分じゃゆっくりできるね」のような発話

【マイナス意見提示】勧誘に消極的な態度を示す「ちょっと遠いな」のような発話

【プラス意志提示】「行きたい」のような意向を示す発話

【マイナス意志提示】「焼肉を食べたくないかな」のような意向を示す発話で、【拒否】に相当する場合もある。

【状況説明】発話者のその場あるいは最近の状況を表す発話、「やっと授業終わった。疲れた。」「豚バラ生活、私も。」等

【確認要求】相手の発話の一部か全部の内容について確認する発話

【確認】【確認要求】に対する応答

【想起要求】「今週実家に帰るって言ったよね。」のような相手が経験したこと、言ったことなどを思い出すことを要求する発話

【想起】「あ、言った、言った。」のような【想起要求】に対する応答の発話

【理解】相手の発話を理解したことを表す「お肉だけでなく、海鮮もあるんだ」のような発話

【同意】相手の発話に賛成する、「うん」「安いね」等の発話

【命令】「その話をもうやめて」のような相手にある行為を要求する発話

【受け入れ】「分かった」のような【命令】に対する肯定的な応答

【約束】「じゃ金曜日にね。」のような勧誘が承諾された後に、話し合いや提案によって決まった日時や場所を会話参加者が確認する発話

【別れの挨拶】「じゃあ、また」等、別れるに使う発話。

また、例3-13のように、同じ話し手が続けて話している間に、あいづちにより01A、03Aのように二つに分かれた「なんかさ」「えっとね」のような発話は、発話者がその次に発する発話と同じ機能を付ける。01Aの「なんかね」は03Aと同じ【情報提供】と機能を付ける。

(例3-13)

01A：なんかね、	【情報提供】
02B：うん。	【あいづち：理解】
03A：値段は一人で2000円、90分食べ放題で。	【情報提供】

4 分析結果と考察

4.1 日中の勧誘会話の全体的特徴

　本研究では、被勧誘者が勧誘内容への興味の有無により、日中の勧誘会話の構造と発話連鎖にどのような特徴が見られるか、被勧誘者の言語行動がどのように変わるか、日中の配慮の仕方はどのようなものかを探ることが目的であるが、4.1では、今回のデータに現れた全体的な特徴について述べる。本研究では、勧誘会話を＜導入部＞＜勧誘部＞＜相談部＞＜終結部＞の四つに分け、＜導入部＞と＜勧誘部＞を中心に分析を行う。＜導入部＞が会話の開始から【勧誘】の発話が現れる直前までを扱うものであり、＜勧誘部＞が【勧誘】の発話から「相談」の発話が現れるまでを扱うものであるため、本書の目的である被勧誘者の勧誘内容への興味の有無による「勧誘」の言語行動を見るのに、重要な部分であると考えるからである。

4.1.1　日中の勧誘会話の展開について

　本研究では、被勧誘者が勧誘内容に興味がある場面①と被勧誘者が勧誘内容に興味がない場面②の2種類のロールプレイによって資料を収集した。各会話は、最後に勧誘者と一緒に行くと承諾する会話「承諾」、行くかどうかを言わず保留する会話「保留」、行くことを断る会話「拒否」の3種類に分かれているが、

◆ 「勧誘」の言語行動についての日中対照研究 ◆

日中の場面①（各 10 組）と場面②（各 10 組）の会話の展開は図 4-1-1 のようになっている。

図 4-1-1　日中の勧誘会話の展開

被勧誘者が勧誘内容に興味がある場面① (20 組)	被勧誘者が勧誘内容に興味がない場面② (20 組)	
すぐに勧誘を承諾 (20 組)	最後に勧誘を承諾 (18 組)	勧誘を保留 (2 組)
日・10 ／ 中・10	日・8 ／ 中・10	日・2 ／ 中・0
興味がある → 承諾	興味がない → 興味を持ち始める → 承諾	興味がない → 保留

　図 4-1-1 で示した通り、被勧誘者が勧誘内容に興味がある場面①では、全ての会話（日中各 10 組）において、被勧誘者が勧誘者からの勧誘を承諾している。

　被勧誘者が勧誘内容に興味がない場面②のロールカードでは、被勧誘者が勧誘内容に興味がないと設定されており、勧誘を断るか承諾するかは被験者に任されている。（「あなたは焼肉食べ放題にはあまり興味がありません。以前行った焼肉食べ放題のお店は値段が 3000 円以上で、味も普通で、サービスもあまりよくはなかったからです。」）その結果、日本語の 10 組中の 8 組が最終的に勧誘を承諾し、残りの 2 組は勧誘者からの勧誘に対して、「返事明日でもいい？」のように保留したまま会話を終えている。中国語の方は 10 組全てが最終的に勧誘を承諾し、「拒否」「保留」はない。

　日中の場面②の最後に承諾する勧誘会話においては、日本語の 10 組み中 8 組、中国語の 10 組全部の被勧誘者が始めはあま

り興味がないが、その後、勧誘を承諾する方向に傾き、最終的には勧誘を承諾している。

また、興味がない場面②の日本語の会話では、勧誘者からの再勧誘が10組中3組に見られたが、中国語では、10組全てに勧誘した後に、もう一回勧誘の発話を発する再勧誘が見られた。被勧誘者が勧誘内容に興味がないことを勧誘者に伝えても、勧誘者に何度も再勧誘されて、最後に行くことになることは珍しくない。本研究の調査資料は18歳～27歳の20代を中心としての親しい女性同士に限定されているため一般化はできないが、勧誘の会話中に何度も再勧誘されて、結局行くことになるという会話の展開が多いことは中国語を母語とする人々の言語行動の一つの特徴として挙げられる。

4.1.2　日中の勧誘会話の構造について

本研究の分析では、日本語の勧誘会話の構造は＜導入部＞＜勧誘部＞＜相談部＞＜終結部＞の四つに分け、特に＜導入部＞と＜勧誘部＞に注目する。＜導入部＞は、勧誘者から被勧誘者への挨拶、勧誘者から被勧誘者の好みや都合などを聞く勧誘の先行発話と被勧誘者の勧誘の先行発話に応える発話、スモールトークなどから構成される。＜勧誘部＞は勧誘者が被勧誘者に一緒にある行為を行うように働きかける発話と、その働きかけに対して応える被勧誘者の発話などから構成される。本研究の分析結果では、日中の勧誘会話における＜導入部＞と＜勧誘部＞の出現については、以下の3種類に分かれた。

　（1）＜導入部＞＜勧誘部＞：二つの構造がはっきり分かれる。

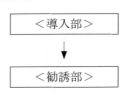

(2) ＜導入部＋勧誘部＞：二つの構造が勧誘者の一連の発話の中に続けて現れる。

(3) ＜導入部＞なし：いきなり【勧誘】の発話を行い、＜勧誘部＞に入る。

日中の勧誘会話における＜導入部＞と＜勧誘部＞の出現については表4-1-1の通りである。

表4-1-1　日中の勧誘会話の＜導入部＞と＜勧誘部＞の出現について

言語 ＜導入部＞の有無 場面①		日本語 （20組）		中国語 （20組）	
		場面 ②	場面 ①	場面 ②	
＜導入部＞あり	(1) ＜導入部＞＜勧誘部＞： はっきり分かれるもの	10	10	8	3
		(20)		(11)	
	(2) ＜導入部＋勧誘部＞： 連続して出現するもの	0	0	1	5
		(0)		(6)	
(3) ＜導入部＞なし		0	0	1	2
		(0)		(3)	

日本語の勧誘会話20組全てが、＜導入部＞と＜勧誘部＞はっきり分かれているのに対し、中国語は（1）＜導入部＞＜勧誘部＞11組、（2）＜導入部＋勧誘部＞6組、（3）＜導入部＞なし3組の3種類となった。

親しい20代の女性同士の勧誘を対象とした今回の資料では、日本語の構造は、＜導入部＞と＜勧誘部＞という二つの部分の区別がはっきりしているが、中国語の場合には二つの部分ははっきりと区別できないことも多く、また＜導入部＞そのものが存在しないこともあると言える。

(1) ＜導入部＞と＜勧誘部＞がはっきり分かれている会話

　まず、＜導入部＞と＜勧誘部＞がはっきりと分かれている日本語の例4-1-1、中国語の例4-1-2を見てみよう。＜導入部＞と＜勧誘部＞がはっきり分かれている会話は、日本語では20会話中20組、中国語では20組中11組である。

　本研究では、中国語の会話の翻訳はなるべく意訳せず、元の言語形式が分かるように配慮している。

　例4-1-1　日本語の＜導入部＞と＜勧誘部＞がはっきり分かれている会話の例
　（場面①・日・4）

```
＜導入部＞
01A：○、○。                              【呼びかけ】
02B：うん？                               【応答】
03A：あのさ、今週のさあ、      【呼びかけ】【情報要求】
04B：はいはい。                  【あいづち：理解】
05A：金曜日暇？                           【情報要求】
06B：金曜日、夜ですか？                   【確認要求】
07A：夜［夜。                             【確認】
08B：　　［うんうん、暇。                 【情報提供】
```

◆ 「勧誘」の言語行動についての日中対照研究 ◆

```
＜勧誘部＞
09A：あのう、焼肉食べ放題に行hきhまhせんhかh？　　　【勧誘】
10B：焼h肉h？　　　　　　　　　　　　　　　　　　　【確認要求】
11A：hhh　　　　　　　　　　　　　　　　　　　　　【確認】
12B：まhたh行hっhちゃhうh？　　　　　　　　　　　【承諾】
13A：まhたh行hっちゃhおhうh。　　　　　　　　　　【受け入れ】
……（後略）
```

例 4-1-2　中国語の＜導入部＞と＜勧誘部＞がはっきり分かれている会話の例

（場面①・中・2）

```
＜導入部＞
01A：○，你周五有时间吗？晚上。　　　　【呼びかけ】【情報要求】
　　　（○、あなた金曜日時間ある？夜。）
02B：这周五啊？　　　　　　　　　　　　　　　　　【確認要求】
　　　（今週の金曜日？）
03A：嗯。　　　　　　　　　　　　　　　　　　　　　【確認】
　　　（うん。）
04B：有啊。　　　　　　　　　　　　　　　　　　　【情報提供】
　　　（あるよ。）
```

```
＜勧誘部＞
05A：哦，我知道一家很好吃的烤肉店。　　　　　　　【情報提供】
　　　（あのね、私めっちゃおいしい焼肉屋さん知ってるの。）
06B：真的h啊h？　　　　　　　　　　　　【あいづち：感情の表出】
　　　（ほんとに？）
07A：要不要去？　　　　　　　　　　　　　　　　　　【勧誘】
　　　（行かない？）
08B：好h，好h久h没吃h烤h肉h了h。　　　【承諾】【情報提供】
　　　（いいよ、長い間焼肉食べてないよ。）
……（後略）
```

例 4-1-1 の 03A、05A と例 4-1-2 の 01A のように、日中両言語ともに、勧誘を行う前に勧誘者が被勧誘者の都合や好みなどについて聞く先行発話が見られた。例 4-1-1 の日本語会話の 03A、05A では、勧誘者 A が被勧誘者 B の都合について聞いている。同じように、例 4-1-2 の中国語会話の 01A でも、勧誘者が被勧誘者の都合を聞いている。

今回のデータに見られる日中の勧誘会話における先行発話の使用については、4.2 で詳しく説明する。また、先行発話以外に、中国語では勧誘者がスモールトークをしてからいきなり勧誘を行ったり、スモールトークをしてから勧誘内容に関する情報提供を行ったりする会話があり、中国語の一つの特徴として挙げられる。4.2.2 で詳しく説明する。

(2) ＜導入部＋勧誘部＞の会話

＜導入部＞と＜勧誘部＞が勧誘者 A の一連の発話に続けて現れる中国語の＜導入部＋勧誘部＞の例 4-1-3 を見てみよう。例 4-1-3 では、勧誘者 A が 01A で【呼びかけ】【情報提供】【勧誘】を続けて行い、この間、被勧誘者 B による【あいづち】は現れず、一人で話し続けている。日本語と異なり、勧誘者は相手からの【あいづち】などの応答を待たずに話し続けて【勧誘】に移っている。点線から上が＜導入部＞、下が＜勧誘部＞に当たる。＜導入部＋勧誘部＞は今回の分析では中国語の勧誘会話にだけ見られた特徴的な談話構造である。中国語の＜導入部＋勧誘部＞の会話は 20 組中 6 組であった。

例4-1-3　中国語の＜導入部＋勧誘部＞の会話の例（場面①・中・7）

```
＜導入部＋勧誘部＞
01A：哎，○，那个，(咂舌¹)                              【呼びかけ】
    （え、○、あのう、(舌打ち)）
    我听那个○○说，好像，嗯，那个(咂舌)百元店那儿好像有烤肉店，
                                                    【情報提供】
    （私○から聞いた、うん、あのう、(舌打ち)百円ショップの近く
    に焼肉屋さんがあるらしい。）
    貌似不错。                                        【情報提供】
    （いいらしい。）
――――――――――――――――――――――――――――――――
            咱周五去吃呗。                             【勧誘】
    （私たち金曜日に食べに行こうよ。）
02B：这周五啊？                                       【確認要求】
    （今週の金曜日？）
03A：啊，h怎h么h样h啊h？                        【確認】【再勧誘】
    （うん、どう？）
……（後略）
```

(3) ＜導入部＞がない会話

＜導入部＞がない例は日本語には見られなかったが、中国語では20組中3組ある。勧誘者は相手に【呼びかけ】の直後に【勧誘】の発話を行っている。例4-1-4を見てみよう。

例4-1-4　中国語の＜導入部＞がない会話の例（場面②・中・5）

```
＜勧誘部＞
01A：哎，咱们星期五一起去吃饭呗。              【呼びかけ】【勧誘】
    （ね、私たち金曜日に一緒にご飯を食べに行こうよ。）
02B：好啊，吃什么？                            【承諾】【情報要求】
    （いいよ、何食べる？）
……（後略）
```

1　ここの「舌打ち」は発話者が次の発話を発する前に、考える時にしたもので、特に不満などを表すものではない。

以上、今回のデータに見られた（1）＜導入部＞＜勧誘部＞がはっきり分かれている会話、（2）二つの構造が勧誘者の一連の発話の中に続けて現れる＜導入部＋勧誘部＞の会話、（3）＜導入部＞がない会話の3つの種類についてみてきた。日本語でも日常の会話に（2）と（3）のタイプが使用されないわけではないが、今回のデータでは、日中にはっきり違いが見られた。

4.2　日中の勧誘会話における＜導入部＞＜勧誘部＞の特徴について

　4.2では、日中の勧誘会話の＜導入部＞と＜勧誘部＞の発話連鎖、使用される言語形式を考察する。

4.2.1　日本語の勧誘会話における＜導入部＞＜勧誘部＞の特徴について

4.2.1.1　日本語の勧誘会話の＜導入部＞の特徴について

　4.1.2で述べた通り、被勧誘者が勧誘内容に興味があるかどうかに関わらず、日本語の勧誘会話20組全部に＜導入部＞が見られ、＜導入部＞と＜勧誘部＞がはっきり分かれていた。また、その全ての＜導入部＞において勧誘の先行発話の使用が見られた。

　先行発話は勧誘を行うための準備段階と言えるが、大上他（2011）では、先行発話には①「情報要求型の先行発話」、②「情報提供型の先行発話」、③「共感要求型の先行発話」（以後「情報要求型」、「情報提供型」、「共感要求型」と呼ぶ）3つのタイプがあることが指摘され、以下の①～③のように説明されている。

　①「情報要求型」：相手の予定・関心・経験・体調などに関する情報を要求する発話。〈例〉「明日、ひま？」「サッカー、

好き？」

②「情報提供型」：相手に対して、勧誘内容に関する情報を提供する発話。このタイプでは、先行発話自体が勧誘の発話としての役割を果たす場合がある。〈例〉「土曜日に、パーティがあるんだよ」

③「共感要求型」：現場性がある状態の勧誘で使用される発話で、相手に対して話者との共感を求める発話。〈例〉「疲れたね」「暑いよね」

今回の分析資料では、日本語の勧誘会話の＜導入部＞には、「情報要求型」と「情報提供型」2つのタイプが見られた。日本語の＜導入部＞における先行発話の使用は表4-2-1のようになる。

表4-2-1　日本語の＜導入部＞における先行発話の使用について

先行発話 場面	情報要求型のみ	情報要求型＋情報提供型	情報提供型のみ	その他
場面①	1	7	1	1
場面②	1	5	4	0
合計	2	12	5	1

表4-2-1で示したように、日本語の＜導入部＞における「情報要求型＋情報提供型」の先行発話は20組中12組で一番多く、勧誘者が被勧誘者の都合や好みについて【情報要求】をし、その後、勧誘内容に関する【情報提供】をすることが特徴である。それに対して被勧誘者は自分の好みや都合について【情報提供】をしたり、【あいづち】や【評価】をしながら、勧誘者からの【情報提供】を聞いている。

他に、「情報提供型のみ」が現れたのは5組で、12組の「情報要求型＋情報提供型」を含めると、日本語の20組中17組に勧誘者からの【情報提供】が見られた。勧誘者が【情報提供】

をしている間、被勧誘者は【あいづち】や【評価】を示す発話などをし、2人は協力しながら会話を進めている。

日本語の＜導入部＞の特徴的な発話連鎖としては、「A【情報要求】―B【情報提供】」、「A【情報提供】―B【あいづち】／【評価】」が挙げられる。

ここでは、（1）「情報要求型＋情報提供型」、（2）「情報提供型のみ」、（3）「情報要求型のみ」、（4）「その他」の順に見ていく。

（1）「情報要求型＋情報提供型」の先行発話

例4-2-1（場面①・日・2）

```
＜導入部＞
01A：ねぇねぇ、                          【呼びかけ】
02B：うん。                              【応答】
03A：なんか［さあ、                      【情報要求】
04B：    ［うん。                        【あいづち：理解】
05A：焼肉って好き？                      【情報要求】
06B：あ、焼肉、うん、すごい好き。        【情報提供】
07A：あ、ほんとに？                      【確認要求】
08B：うんうん。                          【確認】
09A：なんか○○が［すごいいい店があるって教えてくれて、【情報提供】
10B：         ［うん。                   【あいづち：理解】
11  ：うんうんうん。                     【あいづち：理解】
12A：その店が、                          【情報提供】
13B：うん。                              【あいづち：理解】
14A：なんかすごい、                      【情報提供】
15B：うん。                              【あいづち：理解】
16A：雰囲気がよくて、                    【情報提供】
17B：うん。                              【あいづち：理解】
18A：なのにすごいなんかお肉とかも、      【情報提供】
19B：うん。                              【あいづち：理解】
20A：すごいいろいろたくさんあって、      【情報提供】
```

21B：え：：：： 【あいづち：感情の表出】
22A：しかも九十分の食べ放題。 【情報提供】
23B：え、まじで？ 【あいづち：感情の表出】
24A：［うん。 【あいづち：同意】
25B：［それいくら？ 【情報要求】
26A：えっ、いくらだったかな、二千円らしい、［一人。 【情報提供】
27B：　　　　　　　　　　　　　　　　　［あ、安いね。 【プラス評価】
28A：うん。 【あいづち：同意】
29B：え、いい［ないいな。 【プラス評価】
30A：　　　　［え、いいなと思って［行きたいんだけど、 【意志提示】
31B：　　　　　　　　　　　　　　　［うん。 【あいづち：理解】
32 ：うん。 【あいづち：理解】

＜勧誘部＞
33A：で、もしよかったら一緒にどうかなと思って。 【勧誘】
34B：あ：、いくいく。 【承諾】

＜相談部＞
35A：金曜日とかどうかな。 【意見提示】
……（後略）

　例4-2-1では、勧誘発話33Aに入る前に、勧誘者が焼肉屋の雰囲気や、店に置いてあるものなどに関して様々な【情報提供】を行い、被勧誘者が「うん」と「理解」を表す【あいづち】を打ったり、「え：」、「まじ」などのような「感情の表出」の【あいづち】を打って興味を示し、二人が協力して会話を進めている。被勧誘者が25Bで【情報要求】をし、26Aで勧誘者が【情報提供】をすると、被勧誘者は27Bと29Bで積極的に【プラス評価】している。【プラス評価】により被勧誘者の勧誘内容に対する積極的な態度が勧誘者に伝えられた後、33Aで勧誘者が勧誘発話を発している。日本語のデータでは、勧誘者が【勧誘】の発話に入る前に、【情報提供】をして相手の反応を見て、【勧誘】の発話を行うという特徴が見られる。

例 4-2-2 は被勧誘者が勧誘内容に興味がない場面②の日本語の例であるが、例 4-2-1 と同様に、勧誘者が被勧誘者の都合について【情報要求】をし、それに対して被勧誘者が【情報提供】をしている。その後勧誘者が勧誘内容について様々な【情報提供】をしている間、被勧誘者は【あいづち】を打ったり、【評価】をしたりしている。しかし、興味がある場合と興味がない場合では使用される【あいづち】と【評価】には、違いが見られた。詳しくは 4.3 で述べる。

例 4-2-2（場面②・日・1）

```
＜導入部＞
01A：○ちゃん、今週のさあ、えっと金曜日の夜とか時間空いてる？【情
     報要求】
02B：うん、金曜日は空いてるよ。              【情報提供】
03A：空いてる？                              【確認要求】
04B：どうした？                              【情報要求】
05A：えっとね、なんかあのう○○さん言ってたんやけど、【情報提供】
06B：うん。                                  【あいづち：理解】
07A：えっと近くになんかいい焼肉なんかえっとバイキングのお店があ
     って、                                  【情報提供】
08B：うんうん。                              【あいづち：理解】
09A：で、値段はね 2000 円ぐらいで［割と安いんだって。【情報提供】
10B：                    ［うん、          【あいづち：理解】
11 ：けっこう安いね。                        【評価】
12A：うん、でしょ。                          【同意】
13B：うん。                                  【あいづち：同意】
14A：そう。なんか行ってみたいなと思ってて。
                           【あいづち：同意】【意志提示】
15B：うんうん。                              【あいづち：理解】
16A：で、そこにはもちろんなんか肉とかもあるし、
     ケーキとかもあって。                    【情報提供】
17B：ケーキ。                                【あいづち：理解】
……（中略）
```

◆ 「勧誘」の言語行動についての日中対照研究 ◆

```
26A：でもなんかそっこのお店すごく雰囲気よくて、    【情報提供】
27B：う：ん。                              【あいづち：不同意】
28A：なんかすごいあのう接客もいいらしいのね。       【情報提供】
29B：あ、そうなんだ。                       【あいづち：理解】
30A：それで有名らしくて、                    【情報提供】
31B：有名なの？                           【確認要求】
32A：うん。                              【確認】
33B：hhh
```

```
＜勧誘部＞
34A：でなんか行ってみたいなあと思って。うん、どうかなと思ったん
     だけど。                           【勧誘】
35B：う：ん。                          【あいづち：不同意】
36A：90分で2000円だよ。安くない？            【同意見要求】
37B：安いね。                              【同意】
……（後略）
```

また、「情報要求型＋情報提供型」には先行発話以外に、＜導入部＞で【状況説明】を行う会話が1組あった。

例4-2-3（場面②・日・4）

```
＜導入部＞
01A：めっちゃおなかへったって。                 【状況説明】
02B：えっ、さっきご飯食べたやん。                【確認要求】
03A：え：、でもまたへった。え：、なんか、
     焼き肉食べたいし。                【確認】【意志提示】
04B：焼き肉なあ、うちあんまり：うん：：          【意見提示】
05A：好きじゃない？                         【意見要求】
06B：や、なんか前に、              【不同意】【マイナス情報提供】
07A：うん。                            【あいづち：理解】
08B：行ったときに、3000円して、
     食べ放題やけど、                【マイナス情報提供】
09A：うんうんうん。                      【あいづち：理解】
```

10B：3000円して、	
さらになんかいいんかなと思っていったら、	【マイナス情報提供】
11A：うん、どうやった？	【あいづち：理解】【情報要求】
12B：あんまり味が良くなくて。	【マイナス情報提供】
13A：まじで？なんかこの前さ、	【あいづち：感情の表出】【情報提供】
14B：うん。	【あいづち：理解】
15A：○さ、	【情報提供】
16B：うん。	【あいづち：理解】
17A：めっちゃいい焼肉屋さんあるってとって、	【情報提供】
18B：あ：、行ってた-	【理解】
19A：なんかよく分からないけど、なんか	
2000円やったかな確か。	【情報提供】
20B：2000円？	【あいづち：感情の表出】
21A：めっちゃ安くない？	【意見提示】
22B：安いなあ。	【同意】
23A：ふつうにおいしいっつったし、	【情報提供】
24B：あ：：	【あいづち：理解】
＜勧誘部＞	
25A：行こうやん。	【勧誘】
26B：うまそうやなあ、2000円か、う：ん。	【保留】
……（後略）	

　この日本語の例では、勧誘者が01Aで「おなかへったって。」という【状況説明】の発話で会話を始め、それに対して被勧誘者が02Bで「さっきご飯食べたやん。」と【確認要求】をしている。その後勧誘者が03Aで「またおなかへった。」と言い、「焼肉を食べたいし。」と【意志提示】をしている。

　その後、勧誘者は被勧誘者に焼肉に関する情報を提供するが、04Bで被勧誘者は「焼肉なあ、うちあんまり」と【マイナス情報提供】をする。その後、被勧誘者は06B―12Bで過去のよくない経験について語っている。それを聞いた勧誘者は、13A―23Aで勧誘内容に関する【情報提供】をし、被勧誘者を説得しよう

としている。22Bの「安いなあ」と24Bの「理解」を表す【あいづち】を聞いた勧誘者は、被勧誘者が勧誘内容に興味を持ってきたのではないかと判断し、25Aで【勧誘】の発話を発している。

(2) 「情報提供型のみ」の先行発話

今回の日本語のデータでは、＜導入部＞に先行発話「情報提供のみ」が現れたのは20組中4組であった。例4-2-4のように、03A、05A、07A、09A、11Aで勧誘者が勧誘内容に関する【情報提供】をし、それに対して被勧誘者が【あいづち】を打ったり、勧誘内容に関する【情報要求】も見られた。その後13Aで「行きたいなあと思って」と【意志提示】をして、15Aで【勧誘】の発話を行い、＜勧誘部＞に入る。

例4-2-4「情報提供型のみ」（場面②・日・3）

01A：あっ、○さ、	【呼びかけ】
02B：うん。	【応答】
03A：さっき○○ちゃんに教えてもらったんだけど、	【情報提供】
04B：うん。	【あいづち：理解】
05A：千中なんかおいしいお焼肉屋さん、	【情報提供】
06B：うん。	【あいづち：理解】
07A：食べ放題の焼肉屋さんがあるらしくて。	【情報提供】
08B：えっ、新しくできた：	【情報要求】
09A：そうそうそう。	【情報提供】
10B：へえ。	【あいづち：感情の表出】
11A：行ったことないけど、まだ。	【情報提供】
12B：うんうんうん。	【あいづち：理解】
13A：行きたいなあと思って、	【意志提示】
14B：うんうんうん。	【あいづち：理解】

```
＜勧誘部＞
15A：サトちゃんどうかなって。                        【勧誘】
16B：あ：、千中：：                                 【確認要求】
15A：うんうんうん。                                   【確認】
……（後略）
```

(3) 「情報要求型のみ」の先行発話

　今回の調査資料では、日本語の勧誘会話の＜導入部＞において、「情報要求型」のみの先行発話が見られたのは20組中3組であった。例4-2-5のように、勧誘者が被勧誘者の都合や好みなどについて【情報要求】をし、それに対して被勧誘者が【情報提供】をしている。その後に、勧誘者が【勧誘】の発話を行い、＜勧誘部＞に入る。

例4-2-5「情報要求型のみ」（場面②・日・2）

```
＜導入部＞
01A：あのねあのね、                                 【呼びかけ】
02B：うん。                                         【応答】
03A：○ちゃん今週の金曜時間ある？                    【情報要求】
04B：金曜日、あ：、空いてる空いてる。               【情報提供】
05A：空いてる？                                     【確認要求】
06B：うん。                                         【確認】
＜勧誘部＞
07A：あのう授業の後一緒に焼肉食べ放題に行かない？    【勧誘】
08B：焼肉？しかも食べ放題？                          【確認要求】
……（後略）
```

(4) 「その他」：想起要求型

　「その他」として先行研究では、先行発話として取り上げられていない【想起要求】が1例あった。例4-2-6の05Aの勧誘者からの「最近牛肉食べてないってゆってたやん」という【想

起要求】が見られ、それに対して被勧誘者は06Bで【想起】をし、【理由説明】をしている。

例4-2-6では勧誘者が被勧誘者からの【想起】を聞いた後、07Aで自分の状況について【現状説明】をし、それに対して被勧誘者が08Bで【理解】を表し、二人が同じ状況にいることを確認した後、勧誘者が11Aで【勧誘】の発話を行い、＜勧誘部＞に入る。

例4-2-6（場面①・日・6）

>＜導入部＞
>01A：あ、お疲れ。　　　　　　　　　　　　　　　【挨拶】
>02B：お疲れ：。　　　　　　　　　　　　　　　　【挨拶】
>03A：○ちゃんさあ、　　　　　　　　　　　　　【呼びかけ】
>04B：うん。　　　　　　　　　　　　　　　　　　【応答】
>05A：最近牛肉食べてないってゆ(h)っ(h)て(h)た(h)や(h)ん(h)、
>　　　　　　　　　　　　　　　　　　　　　　【想起要求】
>06B：あ、そう。え、だって、豚肉のほう安いし。【想起】【理由説明】
>07A：豚肉、豚バラ生活やから、私も。　　　　　【現状説明】
>08B：ああ、そう、長ネギ豚バラ生活(h)　　　　　　【理解】
>09A：な(h)［が(h)ネ(h)ギ(h)豚(h)バ(h)ラ(h)【あいづち：同意】
>10B：　　　［hhhh
>
>＜勧誘部＞
>11A：牛肉、焼肉行きませんか？［hhh　　　　　　【勧誘】
>12B：　　　　　　　　　　　［焼肉？わたしさ、焼肉最近めっちゃはまってて。
>　　　　　　　　　　　【プラス情報提供】（【承諾】）
>……（後略）

4.2.1.2　日本語の勧誘会話の＜勧誘部＞の特徴について

＜勧誘部＞は【勧誘】の発話以降、相談の発話が現れるまでである。＜勧誘部＞を分析するにあたり、まず日中の勧誘者の

勧誘発話の出現について考察したい。4.2.1.1で述べていたように、日本語の勧誘会話では、＜導入部＞において勧誘者が被勧誘者の都合や、好みついて【情報要求】をしたり、勧誘内容に関する様々な【情報提供】をしてから【勧誘】の発話に入ることが多い。ここでは、まず（1）日本語の【勧誘】の発話の言語形式について分析し、その後に（2）日本語の【勧誘】の発話に対する被勧誘者の応答について考察する。

（1）日本語の【勧誘】の発話に用いられる言語形式について

　日本語の【勧誘】の発話に関する先行研究では、【勧誘】の発話にどのような言語形式が使われているか、発話レベルで研究するものが多い。本研究では日本語の【勧誘】の発話にどのような言語形式が使われているかを勧誘会話の中で談話のレベルで見てみよう。

　今回の日本語のデータに用いられた【勧誘】の発話の言語形式は「否定疑問型」、「自分の意志を述べる型」、「相手の意志を直接に問う型」と「自分の意向を一方的に述べる型」の4種類に分けられる。

表4-2-2　日本語の【勧誘】の発話の表現形式の出現について

場面 \ 表現形式		「〜ない？」否定疑問型	自分の意志を述べる型	相手の意志を直接問う型	自分の意向を一方的に述べる型
場面①		6	3	1	0
場面②		2	5	1	2
合計	20	8	8	2	2

　表4-2-2で示した通り、今回の日本語の勧誘発話には「一緒に行かない？」のような「否定疑問型」が8組と、「○ちゃんと一緒に行きたいと思ってるんだけど、どうかなって。」のような「自分の意志を述べる型」が8組で一番多い。

また、「行く？」「行けるやろう？」のような「相手の意志を直接問う型」と、「行こうやん。」のような「自分の意向を一方的に述べる型」の勧誘発話が各2例見られた。今回のロールプレイが親しい女性同士に設定されているため、「相手の意志を直接に問う型」と「自分の意向を一方的に述べる型」の勧誘も見られた。また、【勧誘】の発話の言語形式はその出現位置とも関わると考えられる。

　次に、日本語の勧誘発話の各型の使われた会話と発話の例を挙げておく。

1）「～ない？」否定疑問型
例4-2-7（場面②・日・2）

＜導入部＞
01 A：あのね［あのね、かなちゃん今週の金曜時間ある？ 　　　　　　　　　　　　　　　　　　　　　　【呼びかけ】【情報要求】
02B：　　　　　　［うん。　　　　　　　　　　　　　　　　　　【応答】
03 　：金曜日、あ：、空いてる空いてる。　　　　　　　　　　　【情報提供】
04A：空いてる？　　　　　　　　　　　　　　　　　　　　　　【確認要求】
05B：うん。　　　　　　　　　　　　　　　　　　　　　　　　【確認】
＜勧誘部＞
06A：あのう授業の後一緒に焼肉食べ放題に行かない？　　　　　　【勧誘】
07B：焼肉？しかも食べ放題？　　　　　　　　　　　　　　　　【確認要求】
……（後略）

　「否定疑問型」として、「～ない？」以外に、「一緒にいかん？」や「焼肉食べに行かへん？」「ご飯を食べにいかへん？」「牛肉、焼肉行きませんか？」などの「否定疑問型」の発話も見られた。

2) 自分の意志を述べる型
例 4-2-8（場面①・日・2）

```
＜導入部＞
09A：なんか○○が、                              【情報提供】
10B：うん。                                    【あいづち：理解】
11A：すごいいい店があるって教えてくれて、        【情報提供】
……（中略）
21A：しかも90分の食べ放題。                     【情報提供】
22B：え、まじで？                               【あいづち：感情の表出】
23A：［うん。                                  【あいづち：同意】
24B：［それいくら？                             【情報要求】
25A：えっ、いくらだったかな、二千円らしい、［一人。【情報提供】
26B：                          ［あ、安いね。    【評価】
27A：うん。                                    【あいづち：同意】
28B：え、いい［ないいな。                       【評価】
29A：     ［え、いいなと思って［行きたいんだけど、【意志提示】
30B：                     ［うん。             【あいづち：同意】
31  ：うん。                                   【あいづち：理解】
＜勧誘部＞
32A：で、もしよかったら一緒にどうかなぁと思って。 【勧誘】
33B：あ：、いくいく。                          【承諾】
……（後略）
```

他には、「A：行きたいなあと思って（B：うんうんうん）○ちゃんどうかなって。」や、「なんかすごくおいしそうだから（B：うん）○ちゃんと一緒に行きたいなと思ったんだけど。」「なんかどうかなあと思って。めっちゃいいって言ってた。」「なんか行ってみたいなあと思って。うん、どうかなと思ったんだけど」などの「自分の意志を述べる型」の発話が見られた。

3) 相手の意志を直接問う型
今回のデータでは、「相手の意志を直接問う型」は日本語に

しか見られなかった。場面①と場面②の会話に1組ずつ見られ、使用数が少ないが、ここでその使用を説明する。例4-2-12のように、勧誘者が勧誘内容に関する【情報提供】をし、それに対して被勧誘者が06Bでと08Bで「えっ、ほんまに？」「へぇ」の「驚き」を表す【あいづち】を打っている。勧誘者が被勧誘者からの興味を示すあいづちを受け、被勧誘者が焼肉に興味を持っていると判断して、09Aで「行く？」と直接、被勧誘者に尋ねている。

例4-2-9（場面②・日・5）

```
＜導入部＞
01A：ねね、○ちゃん○ちゃん。              【呼びかけ】
02B：うん、なに？                         【応答】
03A：なんかこの間ね、○○から聞いたんだけどね、【情報提供】
04B：hhh                                【理解】
05A：なんかね、おいしい焼肉食べ放題の店があるんだって。
                                        【情報提供】
06B：えっ、ほんまに？           【あいづち：感情の表出】
07A：うん。                      【あいづち：同意】
08B：へぇ ［えっ、いくら？いくら？
            【あいづち：感情の表出】【情報要求】
＜勧誘部＞
09A：   ［行く？                          【勧誘】
……（後略）
```

日本語では、勧誘者は被勧誘者の反応を見ながら勧誘を行っている。被勧誘者からの【評価】や「感情の表出」を表す【あいづち】、などから、相手が積極的に興味を示していると判断しているからこそ、「行こうやん」のような「相手の意志を直接問う型」を使用しているのだろう。

また、今回の分析資料では、勧誘者が「自分の意向を一方的

に述べる型」の【勧誘】の発話として、例 4-2-10 の「行けるやろう」がある。しかし、これは相手に押しつけがましさを与えやすいため、日本語学習者には使用するのを回避することを薦める。

例 4-2-10（場面②・日・7）

```
＜導入部＞
01A：あのうな、あのうあさっての夜暇？　　　　　　【情報要求】
02B：明後日の夜、うん、たぶん大丈夫。　　　　　　【情報提供】
03A：あ、ほんまに。なんかあのう焼肉食べ放題行きたいんやけど、
　　　　　　　　　　　【あいづち：感情の表出】【意志提示】
04B：焼肉食べ放題？　　　　　　　　　　　　　　　【確認要求】
05A：うん、2000 円やで、90 分で。　　　　【確認】【情報提供】
06B：2000 円？　　　　　　　　　　　【あいづち：感情の表出】
07A：そう、○○さんが言っとって。　【あいづち：同意】【情報提供】
08B：あ、そうなん。　　　　　　　　　　　　【あいづち：理解】
　あ：、でも私焼肉を食べに行ったしなあ。　【マイナス情報提供】
```

```
＜勧誘部＞
09A：そうなん。えっ、や、行けるやろう？【あいづち：理解】【勧誘】
10B：へぇ。　　　　　　　　　　　　　【あいづち：感情の表出】
11A：ケーキとかもあるし、　　　　　　　　　　　　【情報提供】
12B：うん。　　　　　　　　　　　　　　　　【あいづち：理解】
……（後略）
```

　この例では、被勧誘者が勧誘者の【情報提供】を聞いた後に、08B で「でも私焼肉食べに行ったしなあ。」という勧誘に消極的な態度を示す【マイナス情報提供】をしている。それを聞いた勧誘者 A は 09A で「や、行けるやろう？」と被勧誘者が行けると想定したうえで勧誘を行っている。それを聞いた被勧誘者は 10B で「へぇ」と驚いていることから、勧誘者の「行けるやろう？」は相手に強引に誘われていると感じたのだろう。

4）自分の意向を一方的に述べる型

　日本語では、自分の意向を一方的に述べる型の【勧誘】の発話が場面①と場面②両方に見られた。「自分の意向を一方的に述べる型」の使用の特徴は被勧誘者から勧誘に積極的な態度を示す【意志提示】や【意見提示】の後に現れている点である。

例 4-2-11（場面①・日・6）

＜導入部＞	
……（前略）	
05A：めっちゃよくて、	【情報提供】
06B：［うん。	【あいづち：理解】
07A：［なんか雰囲気めっちゃいいらしくて［させー	【情報提供】
08B：　　　　　　　　　　　　　　　　　［ほんとに。	
	【あいづち：感情の表出】
07A：あのう、なんか接客がいいって聞いて、	【情報提供】
08B：う：ん：：	【あいづち：理解】
09A：焼肉の食べ放題が、	【情報提供】
10B：［うん。	【あいづち：理解】
11A：［しかも、なに、肉だけじゃなくて、	【情報提供】
12B：うん。	【あいづち：理解】
13A：めっちゃほかの飲み物とか、ケーキとか、果物とかもあって、野菜もあるし。	【情報提供】
14B：うん：：	【あいづち：理解】
15A：それで、90 分で 2000 円なんよ。	【情報提供】
16B：ほんまに？	【あいづち：感情の表出】
17A：めっちゃよくな↑い［飲み放題だし。　【意見提示】	【情報提供】
18B：　　　　　　　　　［えっ、行きたい、行きたい。	【意志提示】
＜勧誘部＞	
19A：えっ、今度の金曜行こうやん。	【勧誘】
20B：行こう行こう。	【承諾】

　これは被勧誘者が勧誘内容に興味がある場面①の日本語の例である。勧誘者が＜導入部＞の中で、勧誘内容に関する様々な

情報を提供し、それに対して被勧誘者が「理解」を表す「うん」、驚きを表す「ほんとう」などの【あいづち】を打っている。勧誘者が勧誘内容に関する【情報提供】をした後に、17Aで「めっちゃよくな↑い」と自分の意見を提示している。それを聞いた被勧誘者は「行きたい、行きたい。」と【意志提示】をし、焼肉食べ放題に行きたい気持ちを積極的に勧誘者に伝えようとしている。勧誘者が被勧誘者の勧誘に対する積極的な態度を示す発話を見て、19Aで「行こうやん」と「自分の意向を一方的に述べる型」の表現形式を使って【勧誘】しており、ぜひ被勧誘者と一緒に行きたい気持ちが表されている。

例4-2-12（場面②・日・4）

```
＜導入部＞
01A：めっちゃおなかへったって。              【現状説明】
02B：えっ、さっきご飯食べたやん。           【確認要求】
03A：え：、でもまたへった。え：、なんか、焼き肉食べたいし。
                                    【確認】【意志提示】
04B：焼き肉なあ、うちあんまり：うん：：    【意見提示】
05A：好きじゃない？                         【意見要求】
06B：や、なんか前に、        【不同意】【マイナス情報提供】
07A：うん。                              【あいづち：理解】
08B：行ったときに、3000円して、食べ放題やけど、
                                     【マイナス情報提供】
09A：うんうんうん。                      【あいづち：理解】
10B：3000円して、さらになんかいいんかなと思っていったら、
                                     【マイナス情報提供】
11A：うん、どうやった？      【あいづち：理解】【情報要求】
12B：あんまり味が良くなくて。        【マイナス情報提供】
13A：まじで？なんかこの前さ、【あいづち：感情の表出】【情報提供】
14B：うん。                              【あいづち：理解】
15A：サッコさ、                              【情報提供】
16B：うん。                              【あいづち：理解】
```

```
15A：めっちゃいい焼肉屋さんあるってとって、        【情報提供】
16B：あ：、行ってた-                              【理解】
17A：なんかよく分からないけど、なんか2000円やったかな確か。
                                                 【情報提供】
18B：2000円？                    【あいづち：感情の表出】
19A：めっちゃ安くない？                          【意見提示】
20B：安いなあ。                                   【同意】
21A：ふつうにおいしいつったし、                  【情報提供】
22B：あ：：                          【あいづち：理解】
```

```
＜勧誘部＞
23A：行こうやん。                                 【勧誘】
24B：うまそうやなあ、2000円か、［う：ん。        【保留】
25A：　　　　　　　　　　　　　［安くない？    【同意見要求】
26B：安いと思う。hhh                              【同意】
……（後略）
```

　被勧誘者が勧誘内容に興味がない場面②の例4-2-12でも、自分の意向を一方的に述べる型の勧誘発話が見られた。勧誘者が「おなかへった。」「焼肉食べたい。」と述べて相手を誘おうとしているが、被勧誘者が4Bで「焼肉なあ、うちあんまり：」と言い、その後自分の過去のよくない経験について語っている。それを聞いた勧誘者は13Aから自分の知っているいい焼肉屋さんについて【情報提供】を行っている。被勧誘者の18B、20Bで行ったプラス【評価】を聞いた後、勧誘者が21Aで「ふつうにおいしいつったし、」とさらに【情報提供】をし、23A「行こうやん。」と勧誘を行っている。日本語では相手の反応を見ながら【勧誘】が行われるが、この例のようにはじめは相手が興味がない場合でも途中から被勧誘者が興味を示した後に、勧誘者は「行こうやん。」と自分の意向を一方的に述べる型を使うことで、ぜひ相手と一緒に行きたいことを示して、積極的に相手に働きかけている。

(2) 日本語の【勧誘】の発話に対する被勧誘者の応答について

被勧誘者からの【承諾】の出現位置は、被勧誘者が勧誘内容に興味があるかどうかにより違いが見られた。日本語の被勧誘者が勧誘内容に興味がある場面①においては、勧誘発話に対して被勧誘者がすぐ承諾をしたのが10組中9組で、その後6組がすぐ＜相談部＞に入っている。＜導入部＞で様々な情報を得たことで、被勧誘者が承諾してすぐ＜相談部＞に入ったと思われる。

例 4-2-13「勧誘発話に対してすぐ承諾する会話例」（場面①・日・2）

```
＜導入部＞
……（前略）
05A：焼肉って好き？                    【情報要求】
06B：あ、焼肉、うん、すごい好き。        【情報提供】
07A：あ、ほんとに？                    【確認要求】
08B：うんうん。                        【確認】
09A：なんか○○が［すごいいい店があるって教えてくれて、【情報提供】
10B：        ［うん。                  【あいづち：理解】
11 ：うんうんうん。                    【あいづち：理解】
……（中略）
26A：えっ、いくらだったかな、二千円らしい、［一人。【情報提供】
27B：                              ［あ、安いね。
                                        【プラス評価】
28A：うん。                            【あいづち：同意】
29B：え、いい［ないいな。               【プラス評価】
30A：     ［え、いいなと思って［行きたいんだけど、【意志提示】
31B：                    ［うん。      【あいづち：理解】
32 ：うん。                            【あいづち：理解】
＜勧誘部＞
33A：で、もしよかったら一緒にどうかなと思って。【勧誘】
34B：あ：、いくいく。                   【承諾】
```

```
＜相談部＞
35A：金曜日とかどうかな。                    【意見提示】
……（後略）
```

一方、被勧誘者が勧誘内容に興味がない場面②においては、4.1.1で述べたが、最終的に【勧誘】を【承諾】した会話が10組の中8組で、残りの2組が【保留】のままで会話が終わっている。

例4-2-14「最後に保留したままで会話が終わっている会話例」（場面②・日・6）

```
＜勧誘部＞
13A：hh なんかでもしかも、90分で2000円しかかからんやって
                                        【情報提供】
     どう？一緒にいかん？                  【勧誘】
     なんか［ほかのクラとか誘ってんやけど。  【情報提供】
14B：    ［う：ん                        【あいづち：不同意】
     焼肉か、えっ、う：ん。                【保留】
     まあまあまあダイエットしてるけどなあ。  【マイナス情報提供】
15A：あ、そうなん。                      【あいづち：感情の表出】
     あ、でもなんかあのう何だっけ、羊とかなんか魚介も、
                                        【情報提供】
     ……（中略）
21A：えっ、でもなんか牛肉よりさあ、なんかいいとか言えへん？体に
                                        【異意見提示】
22B：う：ん。まあ、おいしかったら行くけど。
                           【あいづち：不同意】【意見提示】
     まあ、そうやな、焼肉か、お肉食べたいけどなあ。【意志提示】
19A：えっ、じゃ行こうやん。                【再勧誘】
20B：う：ん、考えとくわ。                  【保留】
……（後略）
```

例 4-2-15「最後に保留したままで会話が終わっている会話例」
（場面②・日・7）

<導入部>
……（前略）
08B：あ、そうなん。あ：、でも私焼肉を食べに行ったしなあ。
【マイナス情報提供】

<勧誘部>
09A：そうなん。えっ、や、いけるやろう？　　　　　　【勧誘】
10B：へえ。　　　　　【あいづち：感情の表出】（【保留】）
11A：ケーキとかもあるし。　　　　　　　　　　【情報提供】
12B：うん。　　　　　【あいづち：聞いている・理解】
……（中略）
20B：えっ、明日とかでもいい？返事　　　　　　【意見要求】
21A：うん、いいよ。　　　　　　　　　　　　　【意見提示】
22B：あ、じゃ、明日までにメールするわ。　　　　　【保留】
23A：オッケー。　　　　　　　　　　　　　　　【受け入れ】

　勧誘者からの【勧誘】の発話に対して、被勧誘者が勧誘内容にまだ興味がない段階では、【保留】したり、【拒否】したりしている。被勧誘者が自分の過去の経験に関する【マイナス情報提供】をし、あまり行きたくないことを示したり、勧誘者が被勧誘者を説得するために、さらに勧誘内容に関する【情報提供】をしている。

　日本語の被勧誘者が勧誘内容に興味がある場面①では、10組の中9組が被勧誘者は【勧誘】の発話に対してすぐ【承諾】しており、1組は【情報要求】をしている。

　一方、興味がない場面②における勧誘者の【勧誘】の発話に対する日本語の被勧誘者の応答は【マイナス意見提示】で婉曲的に勧誘を拒否したり、【確認要求】や【マイナス情報提供】などで回答を回避したりすることが見られ、大きく①拒否型と②保留型の二つに分けられる。

日本語：「A勧誘―B応答」

場面①：

【勧誘】―【承諾】：「行く行く」「行こうや」「いいね」「私なんかずっと焼肉なんかに行きたいと思っとったんよ、本当に」など

【勧誘】―【情報要求】：何時？

場面②：

【勧誘】―【拒否】型
- a. マイナス意見提示：ちょっと遠いかな
- b. マイナス意志提示：や：、あんまり行きたくないかな

【勧誘】―【保留】型
- c. あいづち：否定的あいづち（う：ん）、感情を表すあいづち（へぇ）
- d. 評価＋フィラー：うまそうやなあ、2000円か、う：ん
- e. 確認要求：焼肉？しかも食べ放題？
- f. マイナス情報提供：焼肉か、ダイエットしてるけどな。

拒否型と言っても、日本語のデータでは被勧誘者が直接「行きたくない」と言うだけの例はなく、「ちょっと」「あんまり」のような程度を表す副詞を使用し、自分の「行きたくない」気持ちを和らげて伝えている。また、被勧誘者が「かな」のような終助詞を使うことで、相手の質問に答えるより、自分自身に問いかける形で、自分があまり行きたくない気持ちを勧誘者に

伝えている。

また、保留型においては、被勧誘者はあいづちを使ったり、確認要求したりすることで発話権を相手に譲ったり、話題を変えたりして、相手の勧誘発話に直接答えず、相手に自分の気持ちを観察してもらうようにすると同時に、自分にも考える時間を稼いでいる。

4.2.2　中国語の勧誘会話における＜導入部＞＜勧誘部＞の特徴について

4.2.2.1　中国語の勧誘会話の＜導入部＞の特徴について

4.1.2で述べたが、中国語の勧誘会話、20組中17組に＜導入部＞が見られた。その内11組は日本語と同じように、＜導入部＞と＜勧誘部＞がはっきり分かれたが、6組は＜導入部＞と＜勧誘部＞が一連の発話の中に続けて現れ、＜導入部＋勧誘部＞となっている。また、残りの3組は勧誘者がいきなり勧誘発話を行い、＜導入部＞が見られなかった。参考までに表4-1-1（p.51）を再掲しておく。

表4-1-1　日中の勧誘会話の＜導入部＞と＜勧誘部＞の出現について

＜導入部＞の有無		言語	日本語 (20組)		中国語 (20組)	
			場面①	場面②	場面①	場面②
＜導入部＞あり	(1)＜導入部＞＜勧誘部＞：はっきり分けられる		10	10	8	3
			(20)		(11)	
	(2)＜導入部＋勧誘部＞：連続して出現する		0	0	1	5
			(0)		(6)	
(3)＜導入部＞なし			0	0	1	2
			(0)		(3)	

表 4-1-1 を見ると分かるが、中国語の場面①と場面②の＜導入部＞の数には違いが見られる。中国語の (1)「＜導入部＞＜勧誘部＞：はっきり分けられる」、(2)「＜導入部＋勧誘部＞：連続して出現する」(3)「＜導入部＞ない」の 3 つの場合の出現数については、中国語の場面①は 8、1、1 で、場面②は 3、5、2 となっている。中国語の勧誘会話における＜導入部＞の出現が、中国語の場面①と場面②で異なるのはなぜだろうか。

このような差が見られたのは、本研究の中国語のデータ場面①と場面②の調査対象の違いが影響していることが考えられる。本研究の場面①の中国語の調査対象は、日本に滞在する日本語学習者で、親しい友人関係であっても、住んでいる場所が異なるため、相手を勧誘する際に相手の都合などを聞く必要がある。一方、場面②の中国語の調査対象は中国の大学で勉強している日本語を知らない大学生で、同じ寮に住んでおり、毎日一緒に授業を受けたり食事をしたりして、お互いの情報を把握し共有知識が多く、相手の都合や好みなどを聞かなくても分かる。

また、表 4-1-1 のデータを見ると分かるが、(1)「＜導入部＞＜勧誘部＞：はっきり分けられる」、(2)「＜導入部＋勧誘部＞：連続して出現する」(3)「＜導入部＞ない」の 3 つの場合の出現数については、場面②の (3、5、2) より、中国語の場面①の (8、1、1) の方が、日本語 (10、0、0) に近い。場面①の調査対象者は、日本に滞在する学生で、日本語環境にいると、当然日本語との接触が多く、勧誘の仕方もだんだん日本語に近づいてゆくのではないかと考えられる。

今回のデータは、中国語の場面① 10 組の会話中 8 組が＜導入部＞と＜勧誘部＞がはっきり分かれているが、被験者全てを中国在住の学生に変えた場合には、＜導入部＋勧誘部＞という勧誘のタイプがより頻繁に観察される。

＜導入部＞の見られた16組の中国語の勧誘会話では、＜導入部＞において「情報要求型」と「情報提供型」の先行発話が見られた。中国語の＜導入部＞における先行発話の使用は表4-2-3のようになる。

表4-2-3　中国語の＜導入部＞における先行発話の使用について

先行発話	場面	情報要求型のみ	情報要求型＋情報提供型	情報提供型のみ
場面①		1	5	2
場面②		2	1	5
合計	16	3	6	7

　表4-2-3で示した通り、＜導入部＞の見られた16組の勧誘会話では、全ての＜導入部＞において勧誘の先行発話が現れた。16組中3組で「情報要求型のみ」が見られ、7組で「情報提供型のみ」、6組で「情報要求型」と「情報提供型」の両方が現れた。その中、中国語の勧誘者が勧誘内容に関する【情報提供】をして、相手の反応を待たずにすぐ勧誘発話を発する＜導入部＋勧誘部＞の場合（6組）も、先行発話の「情報提供型」が見られた。

　使用数から見ると、中国語の＜導入部＞に16組中13組が「情報提供型」が見られ、日本語の20組中17組とあまり差がない。しかし、＜導入部＞に見られる中国語の勧誘者からの【情報提供】の量は日本語よりはるかに少なく、勧誘者が勧誘内容に関する簡単な情報を提供してから、被勧誘者の反応を待たずにすぐ勧誘発話に入ることが多かった。

　勧誘者が被勧誘者の都合や好みなどについて【情報要求】をしたり、勧誘内容に関する簡単な情報を提供してからすぐ勧誘発話を発することが今回のデータに見られる中国語の＜導入部＞の一つの特徴と言える。

(1)「情報要求型＋情報提供型」の先行発話

例 4-2-16　（場面①・中・2）

```
＜導入部＞
01A：○，你周五有时间吗？晚上。　　　　　　【呼びかけ】【情報要求】
　　　（○、あなた金曜日空いてる？夜）
02B：这周五啊？　　　　　　　　　　　　　　　　　　　【確認要求】
　　　（今週の金曜日？）
03A：嗯。　　　　　　　　　　　　　　　　　　　　　　　　【確認】
　　　（うん。）
04B：有啊。　　　　　　　　　　　　　　　　　　　　　【情報提供】
　　　（あるよ。）
05A：哦，我知道一家很好吃的烤肉店。　　　　　　　　　【情報提供】
　　　（あのね、私おいしい焼肉屋さん知ってるの、）
06B：真(h)[的(h)啊(h)？　　　　　　　　　【あいづち：感情の表出】
　　　（ほんとに？）

＜勧誘部＞
07A：　　　　[要不要去？]　　　　　　　　　　　　　　　【勧誘】
　　　（行かない？）
08B：好(h)，好(h)久(h)没(h)吃(h)烤(h)肉(h)了(h)
　　　　　　　　　　　　　　　　　　　　　　【承諾】【情報提供】
　　　（いいよ、長い間焼肉食べてないの。）
……（後略）
```

　この中国語の例では、勧誘者が 01A で被勧誘者の都合について【情報要求】をし、その後 05A で「私おいしい焼肉屋さん知ってる」と【情報提供】をしてから、07A で「行かない？」と【勧誘】の発話を発している。勧誘者が早い段階で勧誘を行うことで、相手に対する親しみも表している。

4　分析結果と考察

(2) 「情報要求型のみ」の先行発話

例 4-2-17（場面・中・2）

＜導入部＞
01A：这次放假是中秋节，你有时间吗？　　　　　　　　　　【情報要求】 　　　（今度の中秋節休みだけど、あなた時間ある？）
02B：有啊，没啥事。　　　　　　　　　　　　　　　　　　【情報提供】 　　　（あるよ、特になにもない。）
＜勧誘部＞
03A：没啥事，那咱出去玩儿呗。　　　　　　　　　　　　　【勧誘】 　　　（なにもなかったら、私たち遊びに行こうよ。）
04B：行啊，去哪？　　　　　　　　　　　　【承諾】【情報要求】 　　　（いいよ。どこに行く？）
……（後略）

(3) 「情報提供型のみ」の先行発話

例 4-2-18（場面②・中・6）

＜導入部＋勧誘部＞
01A：哎，○。我今天听○○说有个自助烤肉店不错。 　　　　　　　　　　　　　　　　　　　　【呼びかけ】【情報提供】 　　　（ね、○。私今日、○○からいい焼肉食べ放題の店を聞いた。）
正好周五晚上没课，　　　　　　　　　　　　　　　【情報提供】 　　　（ちょうど金曜日の夜授業ないし、）
咱俩一块去吧。　　　　　　　　　　　　　　　　　　　　【勧誘】 　　　（私たち一緒に行こうよ。）
……（後略）

(4) スモールトーク

　中国語の＜導入部＞における発話のバリエーションが日本語より豊富で、先行発話以外に、中国語の＜導入部＞のもう一つの特徴は勧誘者と被勧誘者がスモールトークしていることである。勧誘者と被勧誘者がスモールトークをしてから、勧誘者がいきなり【勧誘】の発話を発したり、勧誘の先行発話が行われ

◆　「勧誘」の言語行動についての日中対照研究　◆

たりするのが見られた。

例 4-2-19（場面①・中・1）

＜導入部＞
01A：哎，在看书啊。　　　　　　　　　　　　　　　【呼びかけ】
　　　（ね、本読んでるの。）

02B：嗯　　　　　　　　　　　　　　　　　　　　　　【応答】
　　　（うん、）

　　　那个，昨天晚上在家里打游戏，今天导师上课的内容还没预习呢。
　　　　　　　　　　　　　　　　　　　　　　　　　【情報提供】
　　　（あのう昨日の夜うちでゲームしてて、今日の指導教官の授業の内容まだ予習していないんだ。）

03A：我晕，你也就这点精神了。hhh　　　　　　　　　【評価】
　　　（もう、あなたはいつもそうだね。）

04B：这怎么一样，为了游戏多少东西都可以往后排。　【意見提示】
　　　（これは違うんだ、ゲームのためならなんでも後回しにできる。）

05A：我晕hhh，行啊。你(h)这(h)句(h)话(h)但(h)愿(h)别(h)让(h)
　　　〇〇(h)听(h)见(h)hh　　　　　　　　　　　　【評価】
　　　（わあ、やるね。あなたのこの話が〇〇に聞かれないといいんだけど。）

06B：不(h)怕(h)不(h)怕(h)。　　　　　　　　　　　【受け入れ】
　　　（気にしない、気にしない。）

＜勧誘部＞
07A：hhh咱星期五去吃烤肉呗。　　　　　　　　　　　【勧誘】
　　　（私たち金曜日に焼肉を食べに行こうよ。）

08B：烤肉：？　　　　　　　　　　　　　　　　　　【確認要求】
　　　（焼肉：？）

09A：嗯。　　　　　　　　　　　　　　　　　　　　　【確認】
　　　（うん。）

10B：你是不是知道我最近想吃烤肉？　　【情報要求】（【承諾】）
　　　（あなた、私が最近焼肉を食べたかったことを知ってた？）

11A：你(h)什(h)么(h)事(h)我(h)不(h)知(h)道(h)。【情報提供】
　　　（あなたのことは私なんでも知ってる。）

……（後略）

例4-2-19の中国語の会話では、勧誘者が「本を読んでいるの」という呼びかけで、会話が始まり、勧誘者と被勧誘者が冗談を交えて、楽しく話すというスモールトーク（small talk）が見られた。その後、勧誘者が「金曜日一緒に焼肉を食べに行こうか。」という勧誘発話で、本題に入っている。中国語では、勧誘者が被勧誘者に勧誘内容に関する【情報提供】や被勧誘者に都合などを聞く【情報要求】をせずに、スモールトークからいきなり勧誘に入ることも日常生活でよく見られる。スモールトークで関係を近づけ、勧誘を行うための準備にもなっているのだろう。

例4-2-20（場面①・中・10）

＜導入部＞
01A：哎呀，妈呀，可算下课了。这节课都讲死我了。我到死也没听懂那个什么，1、1pc 是什么东西。　　　　　　　　　　【心情の表明】
　　　（もう、やっと授業終わった。しんどいよ、最後まで1pcって何のことか分からなかった。）
02B：哎呀，我也是。真是受不了了，就不知道入学考试该怎么办。
　　　　　　　　　　　　　　　　　　　　　　　【共感】【心情の表明】
　　　（はあ、私もうんざりだ。入学試験どうしたらいいか分からないよ。）
03A：啊，别提入学考试了。　　　　　　　　　　　　　　【命令】
　　　（あ、もう入学試験の話やめて。）
　　　想点啥，让我心里头比较痛快的事情吧。比如说吃点好吃的啥的。
　　　　　　　　　　　　　　　　　　　　　　　　　　　【提案】
　　　（私を楽しませることでも考えようよ。あのう例えばおいしいものを食べるとか。）
　　　有［兴趣吗？　　　　　　　　　　　　　　　　【情報要求】
　　　（興味ある？）
04B：［嗯，最近我一直想吃烤肉，都不知道，呛，都馋的不行了。
　　　　　　　　　　　　　　　　　　　　　　　　　【情報提供】
　　　（うん、最近私焼肉を食べたくてしょうがない。）
05A：烤肉啊，哎，烤肉我也有兴趣哎。　　　　　　　【情報提供】
　　　（焼肉か、えっ、焼肉私も興味あるよ。）

> 06B：嗯。　　　　　　　　　　　　　　　　【あいづち：理解】
> 　　　（うん。）
>
> <勧誘部>
> 07A：哎，我正好听我们学院室的人说，那个，在哪，在那个，在高田马
> 　　　场那边有一个挺好的烤肉店。　　　　　　　　　　【情報提供】
> 　　　（えっ、私ちょうど私たちの院生室の人から、あのう、高田馬場の辺にいい焼肉屋さん
> 　　　があるって聞いた。）
>
> 08B：［啊，啊，啊。　　　　　　　　　　　　　　　　【あいづち：理解】
> 　　　（あああ。）
>
> 09A：［自助的那种，要不要去试试？　　　　　【情報提供】【勧誘】
> 　　　（バイキング形式の、試しに行ってみない？）
>
> 10B：多少钱？先告诉我多少钱。h　　　　　　　　　　【情報要求】
> 　　　（いくら？先に私にいくらか教えて。）
>
> ……（後略）

例4-2-20では、勧誘者は01Aで「やっと授業終わった。しんどいよ、最後まで1pcって何のことか分からなかった。」という終わった授業について報告をした後に、被勧誘者は02Bで「まあ、私もうんざりだ。入学試験どうするかは分からない。」と共感を示している。その後、03Aで「もう入学試験の話やめて。」の後、すぐに「私をすっきりさせることでも考えようよ。あのう例えばおいしいものを食べるとか。」という提案をし、「興味ある？」という【情報要求】をするまで連続して発話を行っている。試験の話題から気分転換のために食事に行くという話題に移している。

気分転換のために、食事に行くという具体的な例を提示し、それについて相手に興味があるかどうかを聞くことで、相手に対する配慮を示していると考えられる。

その後、被勧誘者による04Bでの「最近私焼肉を食べたくてもう耐えられない。」という【情報提供】を聞いて、勧誘者は05Aで「私も興味がある」と言って、07Aから【情報提供】が始

まり、勧誘を行っている。

　勧誘者は被勧誘者とスモールトークから食事の話題に転換し、相手が勧誘内容に興味を持つように、積極的に相手に働きかけて勧誘を行っていることが分かる。

4.2.2.2　中国語の勧誘会話の＜勧誘部＞の特徴について

　4.2.2.1でも述べたが、中国語では勧誘者が被勧誘者の都合に関する【情報要求】や「いい焼肉屋さんを聞いた」のような簡単な【情報提供】をしてからすぐ【勧誘】の発話に入ることが多い。勧誘者の【勧誘】の発話に対する被勧誘者の対応は被勧誘者が勧誘内容に興味があるかどうかにより異なる。被勧誘者が勧誘内容に興味がある場面①においては、被勧誘者がすぐ承諾する会話が10組中8組で見られたが、興味がない場面②では、勧誘者の勧誘発話に対して、被勧誘者が【保留】か【拒否】をしている。

例4-2-21「勧誘発話に対してすぐ【承諾】する会話例」（場面①・中・4）

```
＜導入部＞
……（前略）
09A：那听〇〇说有一个烤肉店特别好吃。　　　　　【情報提供】
　　（〇〇からめちゃおいしい焼肉屋さんがあるって聞いた。）
10B：啊，是吗。　　　　　　　　　　　【あいづち：感情の表出】
　　（あ、そう。）
＜勧誘部＞
11A：要不要我们一起去啊？　　　　　　　　　　　　　【勧誘】
　　（私たち一緒に行かない？）
12B：烤肉呀，我最近超喜欢（h）吃（h）烤（h）肉。　【プラス情報提供】
　　（焼肉か、私最近焼肉大好き。）
```

◆ 「勧誘」の言語行動についての日中対照研究 ◆

```
13A：好。                                              【承諾】
    (いいよ。)
…… (後略)
```

例 4-2-22「勧誘発話に対して【拒否】をしている会話例」(場面②・中・8)

```
＜導入部＞
…… (前略)
11A：那我听说最近开了个自助烤肉饭店。              【情報提供】
    (私最近焼肉食べ放題の店ができたって聞いた。)
12B：嗯。                                       【あいづち：理解】
    (うん。)
＜勧誘部＞
13A：特别好，想跟你一起去。                【情報提供】【勧誘】
    (とてもよくて、あなたと一緒に行きたい。)
14B：烤肉啊？不太敢去了。                            【拒否】
    (焼肉か、あまり行く気がしない。)
    因为以前去的烤肉店他们服务态度特别不好。然后都不好吃。
                                                  【理由説明】
    (以前行った焼肉店の接客態度がめっちゃ悪くて、おいしくなかったから。)
…… (後略)
```

例 4-2-23「勧誘発話に対して【保留】をしている会話例」(場面②・中・1)

```
＜勧誘部＞
01A：周五晚上咱们一块去吃饭吧。                       【勧誘】
    (金曜日の夜私たち一緒にご飯を食べに行こうか。)
    我同学说有一家烤肉店不错。你跟我一块去吧。【情報提供】【勧誘】
    (私の友達がいい焼肉屋さんがあるって言ってた。あなたは私と一緒に行こうよ。)
02B：在哪呢？                              【情報要求】(【保留】)
    (どこにあるの？)
…… (後略)
```

ここでは、(1) 中国語の【勧誘】の発話に用いられる言語形式について(2) 中国語の勧誘発話に対する被勧誘者の応答についての順で見ていきたい。

(1) 中国語の【勧誘】の発話に用いられる言語形式について

今回の中国語の20組のデータの勧誘発話には、「否定疑問型」「自分の意志を述べる型」「自分の意向を一方的に述べる型」の3種類が見られた。

表4-2-4　中国語の【勧誘】の発話の表現形式について

場面＼表現形式		「～ない?」否定疑問型	自分の意志を述べる型	相手の意志を直接問う型	自分の意向を一方的に述べる型
場面①		6	0	0	4
場面②		1	1	0	8
合計	20	7	1	0	12

中国語では自分の意向を一方的に述べることが多いと黄(2011)で述べられているが、本研究の中国語の20組の会話の中、12組が「周五晚上咱们一块去吃饭吧。(金曜日の夜一緒にご飯を食べに行こうよ。)」のような「自分の意志を一方的に述べる型」であり、先行研究を検証することができた。しかし、中国語に「去不去?(～ない?)」という否定疑問型の表現形式の使用が、場面①では6組、場面②では1組が見られる。このような差が見られたのは、場面①の調査対象は日本に滞在しているため、日本語の影響を受けたのではないかと考えられる。中国語でも否定疑問型で【勧誘】を行うことはあるが、相手が勧誘内容に興味がある場面①と興味がない場面②で大きく違うとは考えにくい。筆者の内省では、親しい女性大学生同士の会話では、「咱俩一块去吃饭吧。(私たち一緒にご飯を食べに行こうよ。)」「我

同学说有一家烤肉店不错。你跟我一块去吧。（私の友達がいい焼肉屋さんがあるって言った。あなたは私と一緒に行こうよ。）」などの言語形式が実際によく用いられるように感じる。

次に、中国語の勧誘発話の各型の使われた会話例を挙げておく。

1)「～ない？」否定疑問型
例4-2-24（場面①・中・4）

＜導入部＞	
……（前略）	
09A：那听○○说有一个烤肉店特别好吃。	【情報提供】
（○○からおいしい焼肉屋さんがあるって聞いた。）	
10B：啊，是吗。	【あいづち：感情の表出】
（あ、そうなの。）	

＜勧誘部＞	
11A：<u>要不要我们一起去啊？</u>	【勧誘】
（私たち一緒に行かない？）	
12B：烤肉呀，我最近超喜欢(h)吃(h)烤(h)肉，好。	【情報提供】【承諾】
（焼肉か、私最近焼肉大好き、いいよ。）	
……（後略）	

2) 自分の意志を述べる型
例4-2-25（場面②・中・8）

＜導入部＞	
……（前略）	
11A：那我听说最近开了个自助烤肉饭店。	【情報提供】
（私最近焼肉食べ放題の店ができたって聞いた。）	
12B：嗯。	【あいづち：理解】
（うん。）	

```
<勧誘部>
13A：特别好，                               【情報提供】
    (めちゃよくて、)
    想跟你一起去。                           【勧誘】
    (あなたと一緒に行きたい。)
14B：烤肉啊？不太敢去了。                    【拒否】
    (焼肉か？あんまり行く気がしないね。)
    因为以前去的烤肉店他们服务态度特别不好。然后都不好吃。
                                            【理由説明】
    (以前行った焼肉屋の接客態度がめっちゃ悪くて、おいしくなかったから。)
……（後略）
```

3）自分の意向を一方的に述べる型

例 4-2-26（場面②・中・4）

```
<導入部＋勧誘部>
01A：那个〇〇啊，听说有个新开的烤肉店，    【呼びかけ】【情報提供】
    (〇、新しい焼肉の店ができたって聞いた。)
    我们一起去吧。                          【勧誘】
    (私たち一緒に行こうよ。)
……（後略）
```

(2) 中国語の【勧誘】の発話に対する被勧誘者の応答について

　中国語の勧誘会話において、【勧誘】の発話に対する被勧誘者の応答については、興味がある場面①では、10組の中8組はすぐ【承諾】しており、1組は【情報要求】、1組は勧誘に積極的な態度を示す【意見提示】で対応している。一方、興味がない場面②における中国語の勧誘者の勧誘発話に対する被勧誘者の応答としては、日本語と同じく、大きく①拒否型と②保留型の二つに分けられる。

◆ 「勧誘」の言語行動についての日中対照研究 ◆

中国語：「A勧誘―B応答」

場面①：

【勧誘】―【承諾】
- a. 好，好久没吃烤肉了，去啊。
  （いいよ、ずっと食べてないの、行こう。）
- b. 烤肉？你是不是知道我最近想吃烤肉？
  （焼肉？私最近焼肉を食べたいのを知ってた？）

【勧誘】―【保留】
- a. 情報要求：多少钱？先告诉我多少钱。
  （いくら？先に値段を教えて。）
- b. 意見提示：60块钱吗？那也不是很贵啊。
  （60元？高くないね。）

場面②：

【勧誘】―【拒否】型
- a. 理由説明＋拒否：嗯嗯「ňgňg」，我以前去的都90块钱一位，而且服务态度也不好，吃的感觉味道也一般，不想去啦。
  （ううん、私以前行ったのは一人90元で、接客態度も良くなかったし、味も普通だったし、行きたくないな。）
- b. 否定的意見提示：现在烤肉都太贵了呀，咱也不挣啥钱。
  （今の焼き肉はとても高いよ、私たちお金を稼いでいないし）

【勧誘】―【保留】型 { c. 確認要求：啊↑，吃烤肉啊？↓（あ↑、焼き肉を食べるか↓）
d. 情報要求：在哪啊？（どこにある？）

　中国語の拒否型aにおいては、嗯「ňg」を連続させた嗯嗯「ňgňg」という形での使用が見られた。ここで使用される「嗯嗯」は、不同意、反対、拒否感を表す子供っぽい言い方となる。例えば、A：嗯嗯，我不去。妈妈去我才去。（ううん、私行かない。ママが行かないと私も行かない。）
　aでは、被勧誘者が「不想去啦」で勧誘を拒否しているが、その前に「嗯嗯」を使って、子供っぽさを表し、ことばを和らげたり、理由を入れることで、自分が行きたくないことを相手に理解してもらうことに工夫をしている。
　また、bの否定的意見提示においては、自分が焼き肉を食べに行きたくないことを「焼き肉が高くて、私たちお金を稼いでない」という「私たち」の現状で解釈している。
　次に、中国語の保留型においては、日本語のあいづちやプラス評価のような使用が見られなかったが、確認要求で相手に自分の気持ちを察してもらったり、情報要求で相手にもっと情報を求め、自分が考える時間を稼いでいる。
　被勧誘者が勧誘内容に興味がない場面②では、被勧誘者が【勧誘】の発話に対して、【拒否】か【保留】をしているが、最後には10組全て勧誘を受け取ることになっている。その原因の一つは、勧誘者からの【再勧誘】が考えられる。【再勧誘】が中国語の勧誘会話の一つの特徴であり、被勧誘者が勧誘内容に興味がある場面①においては、勧誘者からの【勧誘】に対して被勧誘者がすぐ【承諾】することが多いため、勧誘者からの【再勧誘】があまり見られなかったが、被勧誘者が勧誘内容に興味がない場面②においては、中国語の10組の会話に全て勧誘者か

◆ 「勧誘」の言語行動についての日中対照研究 ◆

らの再勧誘が見られた。被勧誘者を再勧誘することで「本当にあなたと一緒に行きたい」という自分の勧誘の誠実さを示し、相手に対する親しみも表している。

例 4-2-27 （場面②・中・2）

＜導入部＞	
01A：这次放假是中秋节，你有时间吗？ 　　　（今度の中秋節休みだけど、あなた時間ある？）	【情報要求】
02B：有啊，没啥事。 　　　（あるよ、特になにもない。）	【情報提供】

＜勧誘部＞	
03A：没啥事，那咱出去玩儿呗。 　　　（何もなかったら、私たち出かけて遊びに行こうよ。）	【（出かける）[1] 勧誘】
04B：行啊，去哪？ 　　　（いいよ、どこに行く？）	【（出かける）承諾】【意見要求】
05A：啊，咱们周五晚上也没什么事，咱们去聚餐去吧。 　　　（あ、私たち金曜日の夜特に何もないし、一緒に食事しに行こうか。）	【（食事する）勧誘】
06B：聚餐呐？行。吃啥啊？ 　　　（一緒に食事？いいよ。何食べる？）	【（食事する）承諾】【意見要求】
07A：那咱去吃烧烤， 　　　（じゃ焼肉を食べに行こう。） 　　　自从咱们上学期吃完之后我还没去过呢。 　　　（前学期食べてから一度も行ってないの。）	【（焼肉を食べる）勧誘】 【情報提供】
08B：就是自助呗，哈？ 　　　（食べ放題よね、でしょ？）	【確認要求】
09A：嗯，对啊。［烧烤现在都成 - 　　　（うん、そうよ。）	【確認】【情報提供】

---

[1] ロールカードでは、勧誘内容を「相手を焼肉に誘うこと」と設定している。勧誘者が 03A で「一緒に出掛けよう」と誘っているため、ここでは、【（出かける）勧誘】とラベル付けした。04B は一緒に出掛けることについて承諾しているため、【（出かける）承諾】とラベル付けした。【（食事する）勧誘】も同様である。

```
10B：          ［自助太
              （食べ放題は-）
```

11：太贵了呀，咱也不挣啥钱。　　　　　　　　【マイナス意見提示】
　　（高すぎるのよ、私たちお金も稼いでいないし。）

12A：哎呀[1]，我那会听我那个同学说的一个新开的店，　【情報提供】
　　（いや、私は前に友達から新しい焼肉屋さんができたって聞いた。）

　　　那一个人60块钱，不是特别的贵。　　　　　【情報提供】
　　（そこは一人60元、そんなに高くない。）

13B：是吗。　　　　　　　　　　　　　【あいづち：感情の表出】
　　（そうなの。）

14A：嗯。　　　　　　　　　　　　　　　【あいづち：同意】
　　（うん。）

15B：啊：，60还行。　　　　　【あいづち：理解】【意見提示】
　　（あ、60ならまあいいね。）

　　　那感觉那有的东西不太干净，　　　　　【マイナス意見提示】
　　（でもあまり衛生的じゃないものもある気がする。）

　　　吃完之后我还拉过肚子呢，我记得。　　【マイナス情報提供】
　　（食べた後、私下痢になったことも覚えてるよ。）

16A：啊，这个店我没吃过，　　　【あいづち：理解】【情報提供】
　　（あ、この店で私食べたことない。）

　　　我只听说那还挺干净的，服务态度也挺好的。　【情報提供】
　　（私はただそこがきれいで、サービス態度もいいと聞いただけ。）

　　　要不然咱们去试试呗？　　　　　　　　　　　【再勧誘】
　　（私たち試しに行ってみないか？）

1　中国語の「哎呀」は、感動詞で、驚きや不満、厭きた気持ちを表すことができる。

例：① 哎呀！你孩子都长这么大了。（あら、お子さんはもうこんなに大きくなったのね。）

　　② 哎呀！你怎么才来？我都等你半天了。（もう、やっと来た。ずっと待てたのよ。）

　　③ 哎呀！你怎么这么啰唆啊！（あー↓あ↑、あなたどうしてこんなにくどいの。）

> 17B：服务态度，感觉有的服务员看你多吃了就不高兴。　　　　　　　　　　　　　　　　　　【マイナス意見提示】
> 　　　（サービス態度。なんか多く食べると店員に嫌がられる感じがする。）
> 18A：哎呀，［反正咱们两个女生一个人60元，肯定吃不完，他能把咱们怎么样啊？　　　　　　【異意見提示】
> 　　　（いや、私たち女性二人で一人60元、絶対もとを取れない、私たちをどうすることもできない。）
> 19B：　　［哎呀。
> 　　　（いや。）
> 20：那倒也是。那行，那就试试吧，看看这家怎么样。　【同意】【承諾】
> 　　　（あ、それもそうだね。ならいいよ。じゃ試してみようか。この店はどうなのか見てみる。）
>
> ＜相談部＞
> 21A：咱们就周五晚上去呗。　　　　　　　　　　　【意見提示】
> 　　　（私たち金曜日の夜に行こうか。）
> 22B：嗯，行。就这么定了。　　　　　　　　　　　【同意】
> 　　　（うん、いいよ。そうしよう。）
> 23A：行。　　　　　　　　　　　　　　　　　　　【同意】
> 　　　（うん。）

　この中国語の会話例を見ると、被勧誘者は勧誘者の【勧誘】に対して、11Bで「焼肉が高すぎる」と【マイナス意見提示】をし、焼肉を食べに行きたくない気持ちを表している。それに対して、勧誘者が12Aで「そんなに高くない」と焼肉の値段に関する情報を提供している。しかし、それでも行きたくない被勧誘者が15B、17Bで自分の経験を理由に、焼肉に関するマイナスな意見を提示しているが、それに対して、勧誘者がさらに【情報提供】をしたり、【再勧誘】をしたりして、被勧誘者に積極的に働きかけている。最後に、被勧誘者が「じゃ試しに行ってみよう」と【勧誘】を【承諾】している。

4.2.3 日中の勧誘会話における＜導入部＞と＜勧誘部＞の特徴についてのまとめ

4.2.1 と 4.2.2 では被勧誘者が勧誘内容に興味がある場面①と興味がない場面②における日中の勧誘会話の＜導入部＞と＜勧誘部＞の特徴について分析してきた。ここでは、日中の＜導入部＞と＜勧誘部＞の相違点について見ていきたい。

4.2.3.1 日中の勧誘会話における＜導入部＞の特徴について
（1）先行発話からみる日中の＜導入部＞の特徴

日本語の＜導入部＞における先行発話の使用については、20組の会話の中、「情報要求型＋情報提供型」12組、「情報提供型のみ」5組、「情報要求型」2組、その他に「想起要求型」1組という結果が見られ、20組の中17組と勧誘者からの【情報提供】が多かった。

一方、中国語の＜導入部＞がある16組の勧誘会話において、先行発話の使用は、「情報提供型のみ」が7組、「情報要求型＋情報提供型」が6組、「情報要求型のみ」が3組となっている。勧誘者からの【情報提供】が16組の中13組が見られたが、その内、6組は勧誘者が【情報提供】をしてから相手の反応を待たずにすぐ【勧誘】の発話を発しており、【情報提供】の量も日本語より遥かに少なかった。

日中の先行発話の出現から見ると、日本語では、勧誘者が【勧誘】の発話に入る前に、被勧誘者の都合や好みについて【情報要求】をしたり、勧誘内容に関する【情報提供】をすることが大事で、被勧誘者が【あいづち】を打ったり、【意見提示】したりしながら、勧誘者からの【情報提供】を聞いている。それに対して、中国語では、勧誘者が被勧誘者の都合や好みについての【情報要求】や、簡単な【情報提供】をしてからすぐ【勧誘】の発話に入るのが特徴である。

(2) 中国語に特徴的なスモールトーク

中国語の＜導入部＞における発話のバリエーションは日本語より豊富で、先行発話以外に、スモールトークが特徴として見られた。

今回の日本語のデータには見られなかったが、中国語のデータでは、勧誘者は被勧誘者とスモールトークし、その後いきなり【勧誘】の発話を発したり、スモールトークしてから勧誘内容に関する情報を提供したりすることが見られた。

4.2.3.2　日中の勧誘会話における＜勧誘部＞の特徴について
(1) 日中の【勧誘】の発話の言語形式の特徴について

日本語の【勧誘】の発話の言語形式には、「～ない？」のような「否定疑問型」8組、「行きたいと思ってるんだけど、○ちゃんはどうかなって」のような「自分の意志を述べる型」8組で、特徴として見られ、被勧誘者が勧誘に積極的な態度を示す【意志提示】などの後に、「行こうやん」のような「自分の意向を一方的に述べる型」、「行く？」のような「相手の意志を直接問う型」も見られた。

それに対して、中国語の方は、「自分の意向を一方的に述べる型」が12組で一番多く、「～ない？」のような「否定疑問型」も7組で特徴として見られた。

(2) 日中の【勧誘】の発話に対する被勧誘者の応答の特徴について
1) 被勧誘者が勧誘内容に興味がある場面①における日中の被勧誘者の応答

場面①では、勧誘者からの【勧誘】の発話に対して、日中両方ともすぐ【承諾】することが多いが、日中の【勧誘】の発話の出現位置に違いが見られた。日本語では、被勧誘者は勧誘内

容に関する情報を得てから行くかどうかを決定するが、中国語では、被勧誘者は細かい情報より先に承諾することが多い。

2）被勧誘者が勧誘内容に興味がない場面②における日中の被勧誘者の応答

場面②では、日中両方とも【拒否】型と【保留】型が見られたが、その言語形式の使用に大きな違いが見られた。

【拒否】型の場合は、日本語では、「あんまり」「ちょっと」「〜かな」のような言語形式を使い、【拒否】を和らげている。一方、中国語の方は、「不想去了（行きたくない）」のような明示的な【拒否】が見られたが、その後に自分の過去のよくない経験を理由として挙げたりすることが多い。

【保留】型の場合は、日本語では、不同意を表すあいづち「う：ん」の使用が特徴的で、【確認要求】や【マイナス情報提供】をすることが見られた。一方、中国語の方は、【情報要求】することが特徴的で、【確認要求】で【保留】するのも見られた。

以上、日中の勧誘会話の＜導入部＞と＜勧誘部＞の特徴について見てきたが、日中の勧誘会話の発話連鎖、勧誘に用いる言語形式などには、大きな違いが見られた。中国語を母語とする日本語学習者は日本語母語話者を誘う際に、中国語の勧誘の仕方や勧誘に対する対応をそのまま日本語に置き換えると、相手に押しつけがましさを感じさせるだろう。

4.3　日中の被勧誘者の言語行動の特徴：被勧誘者が勧誘内容に興味がある場合と興味がない場合の違い

4.1.1で述べたが、今回の日中の興味がない場面②において

も、日本語では10組の中8組、中国語では10組全て最後に被勧誘者が【勧誘】を【承諾】している。それらの会話では、被勧誘者は始めはあまり興味がないが、その後、だんだん【勧誘】を【承諾】する方向に傾き、最終的には勧誘を承諾している。これらの会話を「興味がない」部分と「興味を持ち始めてから承諾するまで」の2つの部分に分けて考察する。

　ここで、日中の場面②の最後に被勧誘者が【勧誘】を【承諾】している会話の1つずつを例として挙げ、「興味がない」部分と「興味を持ち始めてから承諾するまで」部分の分け方について説明する。

(1) 日本語の場面②の興味がない状態から変化していく会話

次の例4-3-1と例4-3-2は日本語の一つのデータである。例4-3-1は「興味がない」部分で、例4-3-2は「興味を持ち始めてから承諾するまで」部分である。

1) 興味がない部分
例4-3-1（場面②・日・3）

```
＜勧誘部＞
……（前略）
（勧誘者の勧誘に対して被勧誘者は承諾しない）

09A：行ったことないけど、まだ。              【情報提供】
10B：うんうんうん。                          【あいづち：理解】
11A：行きたいなあと思って、                  【意見提示】
12B：うんうんうん。                          【あいづち：理解】
13A：サトちゃんどうかなって。                【勧誘】
14B：あ：、千中：：                          【確認要求】
15A：うんうんうん。                          【確認】
16B：ちょっと［遠いなあ、う：ん。            【マイナス意見提示】
17A：　　　　［遠い？                        【意見要求】
```

18：や、でもバス乗ったらすぐだよ。	【異意見提示】
19B：まあ、それもそうやけど。	【同意】
20A：早めに行ったらさあ、	【意見提示】
21B：うんうん［うん。	【あいづち：理解】
22A：　　　　［早く帰ってこれるし。	【意見提示】
23B：うんうんうん、まあ、それもそうよね。	【あいづち：理解】【同意】
24A：そうそうそう。	【あいづち：同意】
25B：う：ん。	【あいづち：不同意】
26A：○○ちゃんはすごいなんかおいしいおいしい言ってて。	【情報提供】
27B：hhh 本当になんか私前行ったとこは、	【理解】【理由説明】
28A：うん。	【あいづち：理解】
29B：なんか値段も高かったし、なんか態度もあまりよくなく、あの店員	
	【語り】
30A：うんうんうん。	【理解】
31B：さんの。で、おいてあるものもなんかそこまで、まあ普通だったよね。	
	【語り】
32A：うちも、	【情報提供】
33B：うん。	【あいづち：理解】
34A：前行ったことあるので、そういうとこだったんだけど、	【情報提供】
35B：うん。	【あいづち：理解】
36A：でも、メイちゃんがね、	【情報提供】
37B：へぇ。	【あいづち：感情の表出】
38A：すごいサービスもいいし、	【情報提供】
39B：うん、めっちゃプーシュしてた？	【情報要求】
40A：そうそうそうそう。	【同意】
41B：hhhh	【理解】
42A：おいしいし。	【情報提供】
43B：ほんとに？	【確認要求】
44A：90 分 2000 円らしいんだけど、	【情報提供】
45B：あ：、まあ安い。	【あいづち：理解】【評価】
46A：うん。	【あいづち：同意】
47B：うん。	【あいづち：同意】
48A：なんか、	【情報提供】
49B：うん。	【あいづち：理解】

例4-3-1の興味がない部分では、被勧誘者は勧誘者からの勧誘発話に対して、「あ：千央：：、ちょっと遠いな」と【マイナス意見提示】をし、自分が勧誘内容にあまり興味がないことを示している。また、被勧誘者は行く気があまりない理由として被勧誘者は、自分のよくない経験について語っている。それを聞いた勧誘者は、その後も勧誘内容に関する【情報提供】をし続け、被勧誘者を説得しようとしている。それに対して、被勧誘者は【あいづち】を打ったりして、勧誘者に協力的な姿勢を示しているが、「あ、まあ安い。」などの発話から見ると、被勧誘者があんまり興味を持っていないことが推測できる。

2）興味を持ち始めてから承諾するまでの部分

例4-3-1の続きである例4-3-2では、被勧誘者が勧誘者からの「羊とか」という【情報提供】に対して、「羊？」と【確認要求】したり、勧誘者の「聞いたことない」という【意見提示】に対して「ないないない」と【あいづち】を打って、同意を表していることから、被勧誘者が勧誘内容に興味を持ち始めていることが分かる。その後、被勧誘者が【情報要求】をしたり、【確認要求】をしたりして、71Bでは「どうしようかな。迷うな、ちょっと。」と述べ、83Bでは「じゃ、行こうかな私。」と最後に【勧誘】を【承諾】をしている。従って、被勧誘者は例4-3-2の部分から勧誘内容に興味を持ち始めていることが考えられる。

例4-3-2（場面②・日・3）

（勧誘者からの【情報提供】に対して興味を示し始める）	
50A：羊とか、	【情報提供】
51B：羊？	【確認要求】
52A：そう。ほかには、	【確認】【情報提供】

```
53B：まじ？                              【確認要求】
54A：そうそう。                          【確認】
55B：へぇ。                      【あいづち：感情の表出】
56A：ないものもあって、                   【情報提供】
57B：うんうん。                    【あいづち：理解】
58A：みたいな。                          【情報提供】
59B：羊あるの？珍しいよね。              【プラス評価】
60A：でしょ。                            【同意】
61B：うん。                        【あいづち：同意】
62A：聞いたことない。                    【意見提示】
63B：ないないない。                【あいづち：同意】
71B：あ、そうなんや。へ：、そうなんや。どうしようかな。迷うな、
    ちょっと。う：ん。いつだっけ？
                   【あいづち：理解】【意志提示】【情報要求】
72A：あさって、授業の後、                 【情報提供】
73B：あ、金曜日よね。                    【確認要求】
74A：そうそうそう。                      【確認】
75B：あ：、安い、2000円だったけ？        【確認要求】
76A：うん。                              【確認】
77B：まあ、近いし、行こうかな。           【意見提示】
78A：たまには、うんうんうん。            【同意】
79B：うん、確かに。たまにはまあいいかな。まあいいとこだよね。
                                          【意見提示】
80A：そうそうそう。                 【あいづち：同意】
81B：確かに、うん。                      【同意】
82A：行ってくれる？                      【確認要求】
83B：うん、じゃ、行こうかな私。          【承諾】
84A：や、ありがとう。                    【感謝】
85B：うん。                              【受け入れ】
```

　被勧誘者が勧誘内容に興味を持ちはじめ、承諾する方向に傾てくるとともに、被勧誘者からの「感情の表出」を表す【あいづち】で興味を示したり、積極的に【プラス評価】をしたりす

ることが多くなることが分かる。被勧誘者が勧誘内容に「興味を持ち始めてから承諾するまで」の部分における「感情の表出」を表す【あいづち】と【評価】、【意見提示】などの使用は、興味がある場面①と似ている。

(2) 中国語の場面②の興味がない状態から変化していく会話

次の例4-3-3と例4-3-4は中国語の一つのデータである。例4-3-3は「興味がない」部分で、例4-3-4は「興味を持ち始めてから承諾するまで」部分である。

1) 興味がない部分
例4-3-3（場面②・中・3）

01A：周五晚上咱们一块去吃饭吧。我同学说有一家烤肉店不错。你跟我一块去吧。　　　　　　　　　　　　【勧誘】【情報提供】【勧誘】
　　　（金曜の夜、私たち一緒にご飯を食べに行こうよ。私の友達がいい焼肉屋さんがあるって言ってた。あなたは私と一緒に行こうよ。）

02B：在哪呢？　　　　　　　　　　　　　　　　　　　　　【情報要求】
　　　（どこにあるの？）

03A：我也不知道，我一会问问他。　　　　　　　　　　　【情報提供】
　　　（私もよく分からない。後で彼に聞いてみる。）

04B：啊，行。那价位是，一般是什么情况？　　【理解】【情報要求】
　　　（あ、いいよ。じゃ値段は、どうなの？）

05A：一个半小时才花60块钱。　　　　　　　　　　　　【情報提供】
　　　（一時間半でたったの60元だよ。）

06B：啊，　　　　　　　　　　　　　　　　【あいづち：理解】
　　　（あ。）
　　　我以前去都是90块钱以上的。服务态度不太好，
　　　　　　　　　　　　　　　　　　　　　　　【マイナス情報提供】
　　　（私以前行ったところは全部90元以上で、接客態度があまりよくなかった。）
　　　质量也不是特别好。对烤肉店都没啥信心了。
　　　　　　　　　　　　　　　　　　　　　　　【マイナス情報提供】
　　　（食べ物もあまりよくなかった。焼肉屋にはもう期待しないの。）

♦ 4 分析結果と考察 ♦

```
07A：就是这个便宜，然后他们都说服务态度也挺好的，也挺干净的。
                                                          【情報提供】
     (ここは安いの。みんな接客態度がよくて衛生的だって言ってる。)
     而且你不是最喜欢吃金针菇吗，[ 也有。                    【情報提供】
     (しかもあなたはエノキ大好きでしょ、あるよ。)
08B：                           [ 嗯。                    【あいづち：同意】
                                (うん。)
09A：饮料水果也都挺全的。                                  【情報提供】
     (飲み物や果物も揃ってる。)
```

　この部分では、被勧誘者が勧誘者からの【勧誘】に対して、02Bで「どこにあるの？」と【情報要求】をし、04Bでも勧誘内容について「値段はどうなの？」と【情報要求】をしている。【情報要求】が続くことで被勧誘者が勧誘内容に興味があるように見えるが、06Bの「我以前去都是90块钱以上的。服务态度不太好，质量也不是特别好。对烤肉店都没啥信心了。（私以前行ったところは全部90元以上で、接客態度があまりよくなかった。食べ物もあまりよくなかった。焼肉屋にはもう期待しないの。）」という発話から、被勧誘者が勧誘内容に興味がないことが分かる。それに対して、勧誘者は07A、09Aで【情報提供】をし続け、被勧誘者を説得しようとしている。

2) 興味を持ち始めてから承諾するまでの部分

　次の例4-3-3は例4-3-4の続きであるが、勧誘者からの【情報提供】に対して、被勧誘者の08Bで「私を迷わせないで」という発話から被勧誘者が勧誘内容に興味を持ち始めてきていることが分かる。その被勧誘者の迷いを見た勧誘者が09Aで【再勧誘】をし、被勧誘者の【承諾】を推し進めている。そこで、被勧誘者は10Bで【勧誘】を【承諾】している。

例 4-3-4（場面②・中・5）

```
08B：你（h）别（h）诱（h）惑（h）我（h）。                           【命令】
     （あ（h）な（h）た（h）は（h）私（h）を（h）迷（h）わ（h）せ（h）な（h）い（h）
     で（h）。）
09A：hh 你就跟我去吧。                                              【再勧誘】
     （hh あなたは私と行こうよ。）
10B：行，那也行，反正也不贵。那就去看看呗。                         【承諾】
     （オッケー、まあいいよ、どうせ高くないし。じゃ行ってみようか。）
11A：行。                                                          【同意】
     （オッケー。）
```

また、中国語の勧誘会話には、例 4-3-5 のように、被勧誘者は一緒に出掛けて食事することについてはすぐ【承諾】しているが、焼肉を食べることについては、17B まで【マイナス意見提示】や【マイナス情報提供】が続き、興味がないことを勧誘者に伝えようとしている。しかし、18A の【異意見提示】に対して、最後に突然被勧誘者が 20B で【承諾】するという会話も見られた。

例 4-3-5（場面②・中・2）

```
＜導入部＞
01A：这次放假是中秋节，你有时间吗？                                【情報要求】
     （今度の中秋節休みだけど、あなた時間ある？）
02B：有啊，没啥事。                                                【情報提供】
     （あるよ、特になにもない。）
＜勧誘部＞
03A：没啥事，那咱出去玩儿呗。                                      【（出かける）勧誘】
     （何もなかったら、私たち出かけて遊びに行こうよ。）
04B：行啊，去哪？                              【（出かける）承諾】【意見要求】
     （いいよ、どこに行く？）
05A：啊，咱们周五晚上也没什么事，咱们去聚餐去吧。 【（食事する）勧誘】
     （あ、私たち金曜日の夜特に何もないし、一緒に食事しに行こうか。）
```

06B：聚餐呐？行。吃啥啊？　　　　　　【（食事する）承諾】【意見要求】
　　　(一緒に食事？いいよ。何食べる？)

07A：那咱去吃烧烤，　　　　　　　　　【（焼肉を食べる）勧誘】
　　　(じゃ焼肉を食べに行こう。)

　　　自从咱们上学期吃完之后我还没去过呢。　　　　【情報提供】
　　　(先学期食べてから一度も行ってないの。)

08B：就是自助呗，哈？　　　　　　　　【確認要求】
　　　(食べ放題よね、でしょ？)

09A：嗯，对啊。［烧烤现在都成－　　　【確認】【情報提供】
　　　(うん、そうよ。)

10B：　　　　　［自助太
　　　　　　　(食べ放題は－)

11：太贵了呀，咱也不挣啥钱。　　　　【マイナス意見提示】
　　　(高すぎるのよ、私たちお金も稼いでいないし。)

12A：哎呀，我那会听我那个同学说的一个新开的店，【情報提供】
　　　(いや、私は前に友達から新しい焼肉屋さんができたって聞いた。)

　　　那一个人60块钱，不是特别的贵。　　　　　【情報提供】
　　　(そこは一人60元、そんなに高くない。)

13B：是吗。　　　　　　　　　　　　【あいづち：感情の表出】
　　　(そうなの。)

14A：嗯。　　　　　　　　　　　　　【あいづち：同意】
　　　(うん。)

15B：啊：，60还行。　　　　　　　　【あいづち：理解】【意見提示】
　　　(あ、60ならまあいいね。)

　　　那感觉那有的东西不太干净，　　　　【マイナス意見提示】
　　　(でもあまり衛生的じゃないものもある気がする。)

　　　吃完之后我还拉过肚子呢，我记得。　【マイナス情報提供】
　　　(食べた後、私下痢になったことも覚えてるよ。)

16A：啊，这个店我没吃过，　　　　　【あいづち：理解】【情報提供】
　　　(あ、この店で私食べたことない。)

　　　我只听说那还挺干净的，服务态度也挺好的。　【情報提供】
　　　(私はただそこがきれいで、サービス態度もいいと聞いただけ。)

　　　要不然咱们去试试呗？　　　　　　【再勧誘】
　　　(私たち試しに行ってみないか？)

> 17B：服务态度，感觉有的服务员看你多吃了就不高兴。【マイナス意見提示】
> 　　（サービス態度。なんか多く食べると店員に嫌がられる感じがする。）
> 18A：哎呀，［反正咱们两个女生一个人60块钱，肯定吃不完，他能把咱
> 　　们怎么样啊？　　　　　　　　　　　　　　　　　　【異意見提示】
> 　　（いや、私たち女性二人で一人60元、絶対もとを取れない、私たちをどうすることもできない。）
> 19B：　　　　［哎呀。
> 　　　　　　（いや。）
> 20B：那倒也是。那行，那就试试吧，看看这家怎么样。【同意】【承諾】
> 　　（あ、それもそうだね。ならいいよ。じゃ試してみようか。
> 　　この店はどうなのか見てみる。）

　上述述べてきたように、日中の場面②において、興味がない状態から変化して最後に【承諾】している会話については、興味がない部分と興味を持ち始めてから承諾するまでの部分に分けることができる。

　では、次に日中の被勧誘者が勧誘内容に興味があるかどうかにより行われる言語行動の特徴を見るために、興味がある場合（場面①）、興味がない場合（場面②a：場面②の最後に保留したままで会話を終えている会話と、最後に承諾する勧誘会話の最初の興味がない部分）を比べる。

4.3.1　日本語の被勧誘者の言語行動について：被勧誘者が勧誘内容に興味がある場合と興味がない場合の違い

　今回のデータを分析した結果、勧誘内容に興味がある場合と興味がない場合における日中の被勧誘者の言語行動に大きな違いが見られた。日本語学習者が日本語の勧誘会話において被勧誘者が【勧誘】を【承諾】するかどうかをはっきり言わずあいまいだと感じるのは、日本語と中国語との勧誘会話の構造や発

話連鎖などの違いを理解していないことと、興味があることや興味がないことを表す時の日本語の特徴を理解していないによるものであると考えられる。4.3.1では日本語の被勧誘者が勧誘内容に興味がある場合と興味がない場合に分けて見ていく。

4.3.1.1 被勧誘者が勧誘内容に興味がある場合における日本語の被勧誘者の言語行動の特徴

日本語の勧誘会話においては、被勧誘者が勧誘内容に興味がある場合に、被勧誘者が勧誘者の【情報提供】に対して行う応答には、以下の（1）―（3）のような特徴が見られた。

（1）「へぇ」、「まじ」など「感情の表出」を表す【あいづち】を打つ。

（2）「すごい」、「いいね」などの【プラス評価】や、「じゃ、ゆっくりできるね」のような【プラス意見提示】、「行きたい」、「お肉食べたい」のような【プラス意志表示】の発話、「焼肉最近めっちゃはまってて」、「そんないいとこあるとは知らんかったぜんぜん」のような【プラス情報提供】などを使用する。

（3）発話の重なりがよく見られ、会話のスピードも速かった。

順に説明する。

(1)「感情の表出」を表す【あいづち】の使用

「感情の表出」を表す【あいづち】は、聞き手が、話し手の言うことを聞いて感じた驚き、喜び、悲しみ、怒り、疑い、同情、いたわり、謙遜などいろいろな感情を表すあいづちである（堀口1997）。例としては、「ほ」、「へぇ」、「ほんとう」などが挙げられる。

被勧誘者は、勧誘に興味がある場合には、勧誘者の【情報提供】に対して、特に「へぇ」、「まじ」のような驚きを表す【あいづち】を使用することで興味を示すことが多かった。また、「ほ、安い」、

◆　「勧誘」の言語行動についての日中対照研究　◆

「へぇ、すごい」のような「感情の表出」を表す【あいづち】と【プラス評価】のことばが一緒に出現することも多い。

「感情の表出」を表す【あいづち】の使用例
例4-3-6（場面①・日・2）

＜導入部＞	
……（前略）	
14A：なんかすごい、	【情報提供】
15B：うん。	【あいづち：理解】
16A：雰囲気がよくて、	【情報提供】
17B：うん。	【あいづち：理解】
18A：すごいいろいろたくさんあって、	【情報提供】
19B：へぇ：：	【あいづち：感情の表出】
20A：しかも90分食べ放題。	【情報提供】
21B：え、まじで、	【あいづち：感情の表出】
22A：［うん。	【あいづち：同意】
23B：［それいくら？	【情報要求】
……（後略）	

例4-3-7（場面①・日・7）

＜導入部＞	
……（前略）	
11A：めっちゃほかの飲み物とか、ケーキとか、果物とかもあって、野菜もあるし。	【情報提供】
12B：うん：：	【あいづち：理解】
13A：それで、90分で2000円なんよ。	【情報提供】
14B：ほんまに？	【あいづち：感情の表出】
15A：めっちゃよくない？	【同意見要求】
16B：えっ、行きたい、行きたい。	【意志提示】
……（後略）	

例4-3-8（場面①・日・9）

```
＜勧誘部＞
……（前略）
07A：なんか焼肉の店なんだけ↑ど、           【情報提供】
08B：うん。                                【あいづち：理解】
09A：お肉もあるし、                         【情報提供】
10B：お：                                  【あいづち：感情の表出】
11A：あと、海鮮もあるし、                   【情報提供】
12B：へぇ。                                【あいづち：感情の表出】
……（後略）
```

(2)【プラス評価】の使用

　被勧誘者が勧誘者の勧誘内容に関する【情報提供】に対して、【プラス評価】をすることで興味を示すことが多く見られた。ここでいう【プラス評価】は、「すごい」、「最高」のようなあいづち的な発話のことである。

【プラス評価】の使用例
例4-3-9（場面①・日・9）

```
＜勧誘部＞
……（前略）
13A：野菜ももちろんあるし、                【情報提供】
14B：へ［ぇ。                              【あいづち：感情の表出】
15A：［あとドリンクとか、果物とか、ケーキもあるんだよ。【情報提供】
16B：へぇ、いいねそれ。      【あいづち：感情の表出】【プラス評価】
……（後略）
```

　被勧誘者が勧誘内容に興味がある場合には、「感情の表出」を表す【あいづち】に続けて【プラス評価】を使用することが多い。例4-3-9のように、被勧誘者は15Aの【情報提供】に対して、16Bで「へぇ」と驚きを表してから、「いいねそれ」と【プ

ラス評価】をして、被勧誘者が勧誘内容に興味を持っていることを示している。

今回使用された【プラス評価】の例は以下のようなものである。

例4-3-10（場面①・日・1）

```
＜導入部＞
……（前略）
17A：けむたくないとかいろいろ［あるか (h) も (h) し (h)
　　　れ (h) ん (h) けど。　　　　　　　　　　　　【情報提供】
18B：　　　　　　　　　　　　［h　h　h　h　　　　【理解】
19 ：え↓、よ↓く↓な↓い↓【あいづち：感情の表出】【プラス評価】
20A：そ (h) う (h) そ (h) う。　　　　　　　　【あいづち：同意】
21B：うん。　　　　　　　　　　　　　　　　　【あいづち：同意】
……（中略）
28A：なんかお肉あのすごい、なんか牛肉とか羊、なん、何って言って
　　　たかな、羊とか［豚もあるらしくって。　　　　【情報提供】
29B：　　　　　　　［へぇ：：：　　　【あいづち：感情の表出】
30 ：珍しい。　　　　　　　　　　　　　　　　　【プラス評価】
……（後略）
```

例4-3-11（場面①・日・4）

```
＜勧誘部＞
……（前略）
53A：で、なんかね普通に肉だけじゃなくて、なんかまあ野菜も普通に
　　　あるけど、なんかデザートとかもあるんだって。　【情報提供】
54B：へぇ、［すごいね。　　【あいづち：感情の表出】【プラス評価】
55A：　　　［うん：　　　　　　　　　　　　　　【あいづち：同意】
……（後略）
```

（3）発話の重なり及び会話のスピード

生駒（1996）では、「プラスに作用する発話の重なりは、会話を効率的に運び、活気のあるテンポの速い会話を生み出す。

♦ 4 分析結果と考察 ♦

さらに、会話の発展にも寄与し、会話を促進する働きをする（p.185）」と述べられているが、今回のデータでも、興味がある場合は、被勧誘者の発話と勧誘者の発話が重なることがよく観察され、会話における被勧誘者の話すスピードも速かった。本研究では、筆者以外に、2人に録音データを聞かせて、被勧誘者が興味がある場合と興味がない場合と比べて、スピードの速さを判断してもらった。筆者を含め、3人とも被勧誘者が勧誘内容に興味がある場合の話すスピードがより速いと判断した。

「発話の重なり」の例
例 4-3-12（場面①・日・1）

```
＜導入部＞
……（前略）
03A：金曜日空いてない？                    【情報要求】
04B：金曜日：[空いてるよ。                 【情報提供】
05A：      [うん。                        【確認】
06B：ほんま？                              【確認要求】
07A：うん。                                【確認】
08A：えっとなぁ、○○ちゃんから聞いたんやけど、 【情報提供】
09B：うん。                                【あいづち：理解】
10A：焼肉食べ放題すごいお店が[あるらしくって、  【情報提供】
11B：              [うん、うんうんうん。
                                         【あいづち：理解】
12A：なんか一人、なんやか2000円やったかな、[90分2000円食べ放題
    で。                                  【情報提供】
13B：                      [ほぉ、安い
              【あいづち：感情の表出】【プラス評価】
14B：うん。                     【あいづち：同意】
……（後略）
```

例 4-3-12 では、勧誘者 10A の「焼肉食べ放題すごいお店があるらしくって」という情報を聞いて、被勧誘者は 11B ですぐ【あ

いづち】「うん」を打ち、「聞いているよ、分かる」を表している。その後、「うん」の繰り返し「うんうんうん」という【あいづち】を打ち、「分かる、続けて」と相手を催促し、興味があることを表している。また、12Aの「2000円」という値段の【情報提供】に対して、13Bで「ほぉ、安い」と勧誘者の発話と重ねながら【プラス評価】をしている。

　勧誘者からの勧誘の発話はまだ現れていないが、勧誘者からの03A「金曜日空いてない？」という【情報要求】の先行発話があり、また焼肉屋についての【情報提供】が続いていることから、「これから自分が誘われる」ということを推測していると考えられるため、被勧誘者Bが「ほぉ、安い」と積極的に【プラス評価】をすることで、勧誘内容に興味があることを示していると考えられる。

4.3.1.2　被勧誘者が勧誘内容に興味がない場合における日本語の被勧誘者の言語行動の特徴

では次に、勧誘内容に興味がない場合を見てみよう。被勧誘者が勧誘内容に興味がない場合には、（1）—（3）の特徴が見られた。

（1）被勧誘者は【マイナス意見提示】や、勧誘に対して消極的な態度を示す【マイナス情報提供】をする。

（2）「まあ」や「けど」などの表現を使って相手に配慮しながら興味がないことを伝える。

（3）興味がある場合にも興味がない場合にも【あいづち】が頻繁に使用されるが、興味があるときと違い、「ほんとう」のような「感情の表出」を表す【あいづち】が少なく、理解を表すあいづち「うん」がほとんどで、不同意を表すあいづち「う：ん」も使用される。

順に見てゆく。

(1) 【マイナス意見提示】・【マイナス情報提供】の使用

　被勧誘者が勧誘内容に興味がない場合には、10組に全部「ちょっと遠い」のような【マイナス意見提示】や、「2000円って安すぎない？」のようなマイナス意見への【同意見要求】、過去のよくない経験についての語り、「ダイエットしてるけどな」のような消極的な態度を示す【マイナス情報提供】をすることで興味がないことを勧誘者に伝えている。

　例4-3-13のように、被勧誘者が16Bで「2000円って安すぎない？」と勧誘者に自分のマイナス意見に同意を求め、18Bで「大丈夫かな。」と自分の心配を伝え、【マイナス意見提示】をしている。その後、自分の意見の根拠として、22B、24B、26B、28Bで過去の様くない経験を語り、【マイナス情報提供】をしている。30Bで「だから安すぎる－」と言い終わっていないが、「だから安すぎて、あまりいい店じゃないかも」と【マイナス意見提示】をしていることが分かる。

例4-3-13（場面②a・日・1）

＜導入部＞	
……（前略）	
11A：なんかケーキとかもあって、	【情報提供】
12B：ケーキ。	【あいづち：理解】
13A：なんか超おいしそうじゃない？	【同意見要求】
14B：うん。	【同意】
15A：うん。	【あいづち：同意】
16B：でも、2000円って安すぎない？	【マイナス意見提示】
17A：あ：	【あいづち：理解】
18B：大丈夫かな。	【マイナス意見提示】
19A：そう、なんでも安いほうがよくない？	【異意見提示】

```
20B：安いほうがいいけど、					【同意】
21A：うん、						【あいづち：理解】
22B：私 3000 円で、					【マイナス情報提供】
23A：うんうんうん、					【あいづち：理解】
24B：行ったことあるけど、				【マイナス情報提供】
25A：うん、						【あいづち：理解】
26B：でもあんまりなんか味もすごいいいわけじゃなくて、【マイナス
    情報提供】
27A：うんうんうん、					【あいづち：理解】
28B：お店の人の態度なんかもそんなによくない感じがして【マイナス
    情報提供】
29A：あ、そうなんや。					【あいづち：理解】
30B：だから［安すぎる-					【マイナス意見提示】
31A：　　　［でもなんかそこのお店すごく雰囲気よくて、【情報提供】
……（後略）
```

(2) 「まあ」「けど」「～な」「～ない？」などの言語形式の使用

被勧誘者は勧誘内容に興味を持っていない場面では、勧誘者からのプラスの【情報提供】に対して「まあ」「まあ、～けど」「～な」「～ない？」などの言語形式を使って、相手に配慮しながら、自分が「本当は行きたくない」ということを相手に伝えようとしている。

1) 言語形式「ちょっと」「まあ」「けど」「～な」の使用

例 4-3-14（場面② a・日・3）

```
＜勧誘部＞
……（前略）
09A：行ったことないけど、まだ、				【情報提供】
10B：うんうんうん。					【あいづち：理解】
11A：行きたいなあと思って、				【意志表示】
```

```
12B：うんうんうん。                              【あいづち：理解】
13A：サトちゃんどうかなって、                    【勧誘】
14B：あ：千中…                                   【確認要求】
15A：うんうんうん。                              【確認】
16B：ちょっと［遠いな。                          【意見提示】
17A：       ［遠い？                             【意見要求】
18B：う：ん。                                    【意見提示】
19A：や、でもバス乗ったらすぐだよ。              【異意見提示】
20B：まあ、それもそうやけど。                    【同意】
21A：早めに行ったらさ［あ、早く帰ってこれるし。  【意見提示】
20B：           ［うんうんうん。                 【あいづち：理解】
21B：うんうんうん、まあ、それもそうよね。【あいづち：理解】【同意】
22A：そうそうそう。                              【あいづち：同意】
23B：う：ん。                                    【あいづち：不同意】
……（後略）
```

　被勧誘者が勧誘者の【勧誘】の発話に対して、16Bで「ちょっと遠いな」とマイナス意見提示をし、自分があまり行きたくないことを勧誘者に伝えている。被勧誘者が「場所が遠い」という気持ちを表すには、「ちょっと」という程度の副詞、及び「な」という独り言に見せかけることのできる終助詞を使っている。相手に直接にぶつからず、自分が行きたくないことをやわらかく伝えようとしていることが分かる。

　それに対して、19Aで勧誘者は「でも、バス乗ったらすぐだよ」と【意見提示】をし、被勧誘者を説得しようとしている。被勧誘者はその異なる意見に対して、20Bで「まあ、それもそうやけど」と【同意】をしている。

　富樫（2002）は、「まあ」の聞き手への働きかけを、語用論的フィードバックからの派生として位置づけ、「まあ」の用法を次の2点にまとめている。（富樫 2002:29 より引用）

ア．「まあ」が表す処理の曖昧性から生じる「和らげ」の効果が、

（実際の計算処理とは関係なく）聞き手に対して示される。

　イ．実際には明確な計算処理をしているにもかかわらず、「まあ」発話によって、その明確性を隠すことができる（結果として何らかの「含み」を持った発話になる）

　また、福井（2011）は「「まあ」は、話し手が聞き手に配慮するような環境に現れ、会話の進行を円滑にする役割を果たしている」と述べている。

　被勧誘者は実際には行きたくないのに、「まあ～」「まあ～けど」と被勧誘者に同意しているのは、相手との人間関係を維持するための配慮であると考えられる。しかし、あまり行きたくない気持ちが変わっていないことも「まあ」を通して、暗示的に示している。

　また、「けど」については、朴（2008）が「自分の意見をぼかすための曖昧的な用法」を「けど」の一つの用法として挙げている。例4-3-14の20Bで被勧誘者は「けど」を使用することで、勧誘者の意見（「でも、バス乗ったらすぐだよ」）に対しては賛成するが、勧誘を承諾していないことを示している。即ち、その意見に対して同意しているが、行くかどうかはべつの問題である。「けど」の使用からも聞き手には被勧誘者のあまり乗り気でないことが分かる。例4-3-15の18Bの「けど」の使用からも勧誘に乗り気でないことが伺える。

例 4-3-15（場面② a・日・6）

> ＜勧誘部＞
> ……（前略）
> 14B：羊？えっ、それおいしいん？なんか味普通って聞いたんやけど。
> 　　　　　　　　　　　　　　　　　　　【情報要求】【情報提供】
> 15A：そうなん［ｈｈｈ　　　　　　　　【あいづち：感情の表出】
> 16B：　　　　［ｈｈｈ
> 17A：えっ、でもなんか牛肉よりさあ、なんかいいとか言えへん？体に。
> 　　　　　　　　　　　　　　　　　　　【意見要求】
> 18B：う：ん。まあ、おいしかったら行くけどな。焼肉か、お肉食べたいけどなあ　　　　　　　　　　　　　　　　【意志表示】
> 19A：えっ、じゃ行こうやん。　　　　　【再勧誘¹】
> 20B：う：ん、考えとくわ。　　　　　　【保留】
> ……（後略）

　被勧誘者Bが18Bで「おいしかったら行くけどな」「お肉食べたいけどなあ」と述べて、興味があることを相手に示しているように見えるが、20Bで「考えとくわ」という保留の発話をしていることから、被勧誘者はあまり興味がないことが分かる。18Bの意志表示の発話は勧誘者Aに対する配慮でもあるが、「けど」で自分の発話をぼかし、さらに「な」をつけることで自分の発話を独り言にすることから、本当はあまり興味がないことが推測できるのではないかと考えられる。

　また、「まあ」「けど」「な」以外に、「〜ない？」という疑問の形で自分の意見を表すこともよく見られた。自分の意見を表すには、直接に意見を述べるのではなく、「あなたもそう思うでしょう」と相手に同意見を要求する質問の形にしている。

1　この例は1Aから13Aまでの部分を省略しており、勧誘者の【勧誘】の発話も省略されているため、19Aの勧誘発話が【再勧誘】となっている。

2) 言語形式「～ない？」の使用

例4-3-16（場面② a・日・8）

```
＜導入部＞
……（前略）
21A：なんかいろいろ食べるのもお肉だけじゃなくて、　　【情報提供】
22B：　　　　　　　　　　うん：：：：：　　　　　　【あいづち：理解】
23A：ケーキとかいろいろあるらしいやん。　　　　　　　【情報提供】
24B：食べ放題か、う：ん、なんかさ、　　　　　　　　　【意見提示】
25A：うん、　　　　　　　　　　　　　　　　　　　　【あいづち：理解】
26B：あんまりなことない？　　　　　　　　　　　　　【同意見要求】
27A：あんまりなことある？［hhh　　　　　　　　　　【意見要求】
28B：　　　　　　　　　　［hhh食べ放題。　　　　　【意見提示】
……（後略）
```

例4-3-16では、被勧誘者が勧誘者からの勧誘内容に関する【情報提供】を23Aまでいろいろ聞いて、24Bと26Bで「食べ放題はひどいことがよくあるでしょ」という【意見提示】をしている。「食べ放題か、あんまりなことあるよね」のように自分の意見を表すのでなく、「食べ放題か」のあとに「う：ん、なんかさ」を入れて発話を柔らかくしたり、「あんまりなことない？」という否定疑問の形で発話をすることで自分の意見を婉曲的に表したりしている。被勧誘者は相手との人間関係を維持するとともに、自分の意見を表している。

(3)「理解」と「不同意」を表す【あいづち】の使用

日本語においては、被勧誘者が勧誘内容に興味を持っていない場合にも、勧誘者の情報提供に対して頻繁に【あいづち】を打つことが観察された。【あいづち】を頻繁に打つことが必ずしも相手の話に興味があるとは限らず、【あいづち】の機能や出現位置などが興味があるか、ないかに大きく関わっている。

1) 「理解」を表す【あいづち】の使用

例4-3-17（場面②a・日・9）

```
＜導入部＞
07A：えっ、なんかねなんか○○さんが、                【情報提供】
08B：うん。                                      【あいづち：理解】
09A：焼肉食べ放題のお店が教えてくれたんだけど、       【情報提供】
10B：うん。                                      【あいづち：理解】
11A：なんかすごくおいしそうだから、                  【情報提供】
12B：うん、                                      【あいづち：理解】
13A：○ちゃんと一緒に行きたいなあと思ったんだけど。    【勧誘】
14B：や：あんまり行きたくないかな。                 【拒否】
15A：え：行きたくないの？なんか金曜日だったら私授業早く終わるし、
     ○ちゃんといけるかなあと思ったんやけど、    【確認要求】【理由説明】
……（後略）
```

この例を見ると、被勧誘者Bが勧誘者Aの【情報提供】に対して、被勧誘者は08B、10B、12Bで【あいづち】「うん」を使用し、「理解しているよ、続けてください」という意志を勧誘者に伝えている。しかし、勧誘者13Aの【勧誘】に対して、被勧誘者は14Bで「あんまり行きたくないかな」と行きたくないことを伝えている。勧誘内容への興味の有無に関わらず、被勧誘者は【あいづち】を打ち、勧誘者に協力的な姿勢を示しているが、使用されているのは、「理解」を示す【あいづち】であり、興味がある時に使用される「感情の表出」を表す【あいづち】ではない。

例4-3-18（場面②a・日・4）

```
＜導入部＞
……（前略）
15A：なんかこの前さ［○○さ、                    【情報提供】
16B：          ［うん。                        【あいづち：理解】
17 ：うん。                                    【あいづち：理解】
```

```
18A：めっちゃいい焼肉屋さんあるって言って、          【情報提供】
19B：あ：言ってた-                                【あいづち：理解】
20A：なんかよく分からないけど、なんか2000円やったかな確か。
                                                【情報提供】
21B：2000円？                                    【確認要求】
22A：めっちゃ安くない？                            【意見提示】
23B：安いなぁ。                                   【同意】
24A：普通においしいっつったし。                    【情報提供】
25B：あ：：                                      【あいづち：理解】
＜勧誘部＞
26A：行こうやん。                                 【勧誘】
27B：うまそうやな、2000円か、う：ん。              【保留】
……（後略）
```

例4-3-18においては、勧誘者Aの情報提供に対して、被勧誘者は「うん」「あ」のような「理解」を表す【あいづち】を打ち、勧誘者に協力しながら会話を進めている。【あいづち】「あ」は、古川（2010）で述べられているように、「あ、ほんとう」「あ、いいね」のような他の形式と一緒に出現して驚きや興味を示すことができるが、単独で現れる「あ」はただ「情報の獲得」として機能している。

被勧誘者が勧誘内容に興味がない場合の例4-3-17と例4-3-18では、被勧誘者は「理解している」「続けてください」という【あいづち】を打つことで勧誘者に協力的な姿勢を示している。

また、例4-3-19のように感情を表す「へぇ」のような【あいづち】も現れたが、被勧誘者が勧誘内容に興味がある場合は勧誘者の【情報提供】の後に現れたり、【あいづち】の発話の前後に被勧誘者からの【情報要求】や【プラス評価】が見られる一方、被勧誘者が勧誘内容に興味がない場合は消極的な態度を示す発話と一緒に出現することが多い。

例4-3-19（場面②a・日・7）

> ＜導入部＞
> ……（前略）
> 03A：なんかあのう焼肉食べ放題に行きたいんやけど、　　【意志表示】
> 04B：焼肉食べ放題？　　【確認要求】
> 05A：うん、2000円やで、90分で。　　【確認】【情報提供】
> 06B：2000円？　　【確認要求】
> 07A：そう、○○さんが言っとって。　　【確認】【情報提供】
> 08B：あ、そうなん。あ：でも私焼肉を食べに行ったしなあ。
> 　　　　　　　　　　　　　　　　　【あいづち：理解】【情報提供】
> 09A：そうなん、えっ、や、いけるやろう？【あいづち:感情の表出】【勧誘】
> 10B：へえ：　　　　　　　　　　　　　　　【あいづち：感情の表出】
> 11A：ケーキとかもあるし、　　【情報提供】
> 12B：うん。　　【あいづち：理解】
> ……（中略）
> 26B：えっ、明日とかでもいい？返事。【意見要求】（【勧誘に対する保留】）
> 27A：うん、いいよ。　　【同意】
> 28B：あ、じゃ、また明日までにメールするわ。　　【約束】
> ……（後略）

　例4-3-19では、被勧誘者が勧誘者の情報提供に対して、6Bで【確認要求】したり、8B「あ、そうなん」と驚きを表したりして、興味を示しているように見えるが、続けて「あ：でも私焼肉を食べに行ったしなあ」と述べて、勧誘に対して消極的な情報を提供している。また、9Aの勧誘者の【勧誘】に対して、10Bはあいづち「へえ」で驚きを表し、勧誘に対する保留ともなっている。ここで使用された「感情の表出」を表す「へえ」は、相手の話に興味を示す場合とは異なり、相手の強引な【勧誘】に戸惑いを示すために使われている。

2）「不同意」を表す【あいづち】の使用
　被勧誘者が「不同意」を表す【あいづち】で興味がないこと

を示す例も見られた。例4-3-20のように、被勧誘者は勧誘者からの【情報提供】に対して「不同意」を表す【あいづち】「う：ん」を打ち、「値段が低いけど、お店はほんとにいいのかな、どうかな」と勧誘に消極的な態度を示している。

例4-3-20（場面②a・日・①）

```
＜導入部＞
……（前略）
20B：お店の人の態度なんかもそんなによくない感じがして、
                                    【マイナス情報提供】
21A：あ、そうなんや。            【あいづち：理解】
22B：だから［安すぎ-              【マイナス意見提示】
23A：　　　［でもなんかそこのお店がすごく雰囲気よくて、
                                    【情報提供】
24B：う：ん。                    【あいづち：不同意】
25A：なんかすごいあのう接客もいいらしいのね。【情報提供】
26B：あ、そうなんだ。            【あいづち：理解】
……（後略）
```

4.3.1.3　日本語の勧誘会話における被勧誘者の言語行動についてのまとめ

　勧誘内容に対する興味の有無による日本語の被勧誘者の言語行動の違いは以下のようにまとめことができる。

（1）被勧誘者が勧誘内容に興味がある場合における日本語の被勧誘者の言語行動の特徴

　1）積極的に「いいねそれ」「すごい」などの【プラス評価】を行う。

　2）「へぇ」「ほんとう」のような「感情の表出」を表す【あいづち】を打つ。

3)「行きたい、行きたい」と明示的に【意志表示】をしたり、「私さ、焼肉最近めっちゃはまってて」のような勧誘に対して積極的な態度を示す【プラス情報提供】をしたりする。

4) 被勧誘者が勧誘者の発話と重ねて発話をすることが多く、会話が展開するスピードも速い。

(2) 被勧誘者が勧誘内容に興味がない場合における日本語の被勧誘者の言語行動の特徴

1)「安すぎない？」のような【マイナス意見提示】、過去のよくない経験や、「ダイエットしてるけど」のような勧誘に対して消極的な態度を示す【マイナス情報提供】をする。

2)「まあ」「けど」「…なあ」「…ない？」などの表現を使って相手に配慮しながら行きたくないことを伝える。

3) あいづちを頻繁に使用するが、「理解」を表すあいづち「うん」がほとんどである。また、「不同意」を表す「う：ん」、情報の獲得を表す「あ：」の使用も見られた。

4)「感情の表出」を表すあいづち「へぇ」の使用も見られたが、被勧誘者が勧誘内容に興味がある場合とは違い、勧誘発話に対する応答として使われたり、その後に「それおいしいの？なんかふつうって聞いたことがあるんだけど」のような消極的な態度を示す発話が見られることが多い。

表にまとめると、以下のようになる。

表 4-3-1　日本語の被勧誘者の勧誘内容への興味の有無による言語行動の特徴

興味がある場合の被勧誘者の言語行動の特徴	興味がない場合の被勧誘者の言語行動の特徴
(1) プラス意見提示 「デザートもあるんだったら、2000円けっこう安いと思う。」	(1) マイナス意見提示 「ちょっと遠いな。」
(2) プラス意志提示 「行きたい。」	(2) マイナス意志提示 「あんまり行きたくないかな。」
(3) プラス情報提供 「焼肉最近めっちゃはまってて。」	(3) マイナス情報提供 「でも、私焼肉を食べに行ったしな。」
(4) プラス評価 「すごいね。」	×
×	(4) 「まあ」「けど」「〜な」「〜ない?」の使用 「まあ、おいしかったら行くけどな。」 「安すぎない?」
(5) あいづち（種類・出現位置）	(5) あいづち（種類・出現位置）
・理解を表すあいづちの頻繁な使用 「うんうん」、「うん」	・理解を表すあいづちの頻繁な使用、その中に「あ：」の使用も観察された。
・感情の表出を表すあいづち：多い 「へぇ」、「まじ」 勧誘内容に関する情報要求や、プラス評価など勧誘に対する積極的な態度を表す発話が、感情の表出を表すあいづちの前後に見られる。	・感情の表出を表すあいづち：少ない その前後に、「それおいしいの?味普通って聞いたんだけど」のような勧誘に対して消極的な態度を表す発話が見られたり、勧誘発話に対する応答として現れたりする。
×	・不同意を表すあいづち「う：ん」の使用
(6) 勧誘者の発話と重ねて発話する	×

注：　×は出現しなかったことを示す。

　以上、被勧誘者が勧誘内容に興味がある場合と興味がない場合における日本語の被勧誘者の言語行動の違いについて見てきた。柏崎（1993）で述べられているように、「日本語の談話では間接的な表現から真意を察することが重要である（p.62）」。学習者、特に初級の日本語学習者にとっては、日本語母語話者とコミュニケーションする時に、情報のやりとりより相手との人間関係を維持することに重点を置くという日本語の特質を理解する必要があるだろう。また、積極的に【あいづち】を打ち、真剣に聞いている姿勢を示しても、相手の意見に必ずしも同意しているわけではなく、相手が自分の話に興味があるかどうかを判断するには、相手の【あいづち】の使用頻度だけではなく、【あいづち】の種類や出現の前後の発話とともに、その談話全体から観察しなければならない。

4.3.2 中国語の被勧誘者の言語行動について：被勧誘者が勧誘内容に興味がある場合と興味がない場合の違い

中国語の勧誘会話では、被勧誘者が取る言語行動は被勧誘者が勧誘内容に興味がある場合と興味がない場合においてどのように異なるのかを考察する。4.4.1では日本語の勧誘会話における被勧誘者の言語行動についてみてきたが、被勧誘者の【あいづち】や、「けど」「〜な」などの表現形式、【評価】などの使用が興味があるかどうかを表す重要な要因であることが分かった。【あいづち】の使用が少ない中国語では（あいづちについては4.4で詳しく説明する）、実質発話で興味を表しているのだろうか。

4.3.2.1 被勧誘者が勧誘内容に興味がある場合における中国語の被勧誘者の言語行動の特徴

中国語の被勧誘者が勧誘内容に興味がある場合においては、(1)－(3)の特徴が見られた。

(1) 被勧誘者が勧誘内容に関して積極的に「每个人多少钱？（一人につきいくら？）」のような【情報要求】をする。

(2) 勧誘者からの【情報提供】に対して、「挺便宜的。（めっちゃ安いね）」のような【プラス評価】をする。

(3) 「好久没吃烤肉了。（焼肉は久しぶりだ。）」のような勧誘に積極的な態度を示す【プラス情報提供】をする。

順に詳しく見ていきたい。

(1) 勧誘内容に関する【情報要求】の使用

4.2.2.3で述べたが、中国語の被勧誘者は勧誘内容に興味がある場合、勧誘内容について積極的に【情報要求】をすることが一つの特徴である。日本語の被勧誘者からの【情報要求】は

◆ 「勧誘」の言語行動についての日中対照研究 ◆

10組の中3組しか見られなかったが、中国語では、10組全てにおいて被勧誘者からの【情報要求】が見られた。被勧誘者は積極的に【情報要求】をすることで勧誘内容に興味があることを示し、相手と会話のやり取りを通して、相手との関係の構築にも役立っていると考えられる。

「情報要求」の使用例
例4-3-21（場面①・中・1）

```
＜勧誘部＞
……（前略）
07A：hhh咱星期五去吃烤肉呗。                【勧誘】
    （私たち金曜日に焼肉を食べに行こうよ。）
08B：烤肉：？                              【確認要求】
    （焼肉：？）
09A：嗯。                                  【確認】
    （うん。）
10B：你是不是知道我最近想吃烤肉？      【情報要求】（【承諾】）
    （あなた、私が最近焼肉を食べたかったことを知ってた？）
11A：你(h)什(h)么(h)事(h)我(h)不(h)知(h)道(h)。【情報提供】
    （あなたのことは私なんでも知ってる。）
12B：你，你推荐哪一家？                    【情報要求】
    （あなた、あなたはどの店がお勧め？）
13A：那个小野原吧。我［听○○说－        【情報提供】
    （小野原かな。私は○○から－）
14B：           ［小野原有烤肉吗？      【情報要求】
              （小野原に焼肉屋さんがあるの？）
15A：对啊，我听○○说的，她和她老师去吃过，超好吃的。【情報提供】
    （そうなの、私○から聞いたの。彼女は彼女の先生と一緒に食べに行って、超おいし
     かったって。）
16B：超好吃哦？                            【確認要求】
    （超おいしいの？）
```

```
17A：一个小时，60 块钱。                          【情報提供】
      （一時間、60元。）
18B：也不贵。                                      【プラス評価】
      （高くないね。）
19A：一个半小时。                                  【情報提供】
      （一時間半。）
20B：还可以吃一个半小时，60 块钱。                 【理解】
      （一時間半食べれて、60元。）
21A：嗯。                                          【あいづち：同意】
      （うん。）
22B：倒也是不贵。谁谁，还有谁要去啊？              【評価】【情報要求】
      （高くないね。誰誰、あと誰が行くの？）
23A：就咱俩还不行啊？                              【意見要求】
      （私たち二人でいいじゃない？）
24B：ang：，除了吃烤肉还有什么东西？有没有冷面？   【情報要求】
      （うん。焼肉以外に何があるの？冷麺ある？）
25A：啊，冷面？你想要的都有 [hh                    【情報提供】
      （あっ、冷麺？あなたのほしいものは何でもあるよ。hh）
＜相談部＞
26B：              [hh 咱们俩个什么时候去啊？      【意見要求】
      （hhh 私たちいつ行くの？）
……（後略）
```

　この中国語会話の例では、被勧誘者が「你是不是知道我最近想吃烤肉？」と相手に【情報要求】をすることで、「私が焼肉を食べたい」ことも示しており、ここでは【勧誘】に対する【承諾】にもなっている。この後は、26Bで被勧誘者が「咱们俩个什么时候去啊？」と時間の相談をし始めていることからも、10Bの【情報要求】は同時に【承諾】の機能も果たしていることが分かる。被勧誘者が勧誘を承諾してから、12B、14B、22B、24Bで焼肉屋に関する情報、同行する人などについて【情報要求】をし、それに対して、勧誘者が【情報提供】をしている。日本語では、

勧誘者が被勧誘者の反応を見ながら【情報提供】をし続け、【承諾】に至るが、中国語では、A【勧誘】—B【承諾】の出現が早く、その後、日本語とは異なり、被勧誘者からの【情報要求】が続く。被勧誘者が勧誘内容について【情報要求】をすることで、勧誘内容についての情報を得ると同時に、最後の笑いから二人が会話を楽しんでいることが分かる。

(2) 【プラス評価】の使用

また、日本語と同様に、被勧誘者が勧誘者からの【情報提供】に対して、【プラス評価】をすることが興味の有無を示す重要な要素となっている。被勧誘者が勧誘内容に興味がある場面①においては、中国語の勧誘会話では、日本語と同じく、被勧誘者からの【プラス評価】が多く見られた。ただし、【プラス評価】の出現は日本語とは異なり、【承諾】より後である。日本語の場合は【プラス評価】は【承諾】の前に現れる。

【プラス評価】の使用例
例4-3-22（場面①・中・6）

＜勧誘部＞
……（前略）
08A：嗯：那我周五上完老师的课，大概是六点左右，　　　　【勧誘】
（う：ん、じゃ金曜日の授業が終わったら、大体6時ぐらいだね、）
09B：［嗯。　　　　　　　　　　　　　　　　　　　　【あいづち：理解】
（うん。）
10A：［然后下了课我们去吃烤肉吧。　　　　　　　　　　　　　【勧誘】
（授業が終わったら、一緒に焼肉食べに行こうよ。）

```
11B：好啊好啊好啊,［添秋膘添秋膘¹。                【承諾】
    (いねいいねいいね、秋に肉を増やす。)
12A：          ［然后最近-
              (あと最近-)
13A：最近,那个听○○说有一个［烤肉店还不错,      【情報提供】
    (最近、○○からいい焼肉屋さんがあるって聞いた。)
14B：                    ［hhh              【理解】
15B：○○ (h) 说 (h)［的 (h) 啊 (h)。             【理解】
    (○○が言ってたのか。)
16A：       ［而且挺便宜的。                      【情報提供】
            (それに、すごく安いし。)
17B：啊 (h),是 (h) 吗 (h)［非常好。
    (あ、そう。いいね。)      【あいづち：感情の表出】【プラス評価】
18A：              ［嗯,据说环境还不错。         【情報提供】
                   (うん、お店の雰囲気もいいって。)
19B：非 (h) 常 (h) 好 (h)。                        【プラス評価】
    (すごくいいね。)
20A：嗯。                                       【あいづち：同意】
    (うん。)
21B：有 (h) 酒 (h) 吗 (h)？                       【情報要求】
    (お酒ある？)
22A：嗯,而且还有牛肉,羊肉哎。                   【情報提供】
    (うん、それに牛肉、羊肉もあるよ。)
```

　この中国語の例では、被勧誘者が勧誘者からの【勧誘】に対して、11B で「好啊好啊好啊，添秋膘添秋膘。（いいねいいねいいね、秋にお肉を増やす。）」と【承諾】をしている。その後、勧誘者からの【情報提供】に対して、15B で理解を示したり、21B で【情報要求】をしたりしているが、一つの特徴としては、17B と 19B の「非常好。（すごくいいね）」という【プラス評価】である。被勧誘者が「非常好。（めちゃいいね。）」と言うことで、

1　「添秋膘」：中国の俗語で「寒い冬に備えて秋に脂肪を蓄える」の意味。

◆　「勧誘」の言語行動についての日中対照研究　◆

「あなたの言う通りでいい、非常によい。」ということを勧誘者に伝え、興味があることを示している。「非常好。」以外に、【プラス評価】として用いられた発話は以下のようなものである。

例 4-3-23（場面①・中・2）

<勧誘部>	
……（前略）	
18B：是是是，时间多长啊？	【情報要求】
（何時間？）	
19A：时间是：，90分钟，然后60块钱。	【情報提供】
（時間はね、90分で、あと60元。）	
20B：60(h)［块(h)hhhh！	【あいづち：理解】
（60元！）	
21A：　　［划算吧，划算吧？	【意見提示】
（お得でしょ、お得でしょ。）	
22B：好(h)便(h)宜(h)hh	【プラス評価】
（すごく安い。）	
……（後略）	

例 4-3-24（場面①・中・4）

<勧誘部>	
……（前略）	
20B：哎，多长时间？	【情報要求】
（え、何時間？）	
21A：一个半小时。	【情報提供】
（一時間半。）	
22B：一个半小时。	【あいづち：理解】
（一時間半。）	
23A：嗯。	【あいづち：同意】
（うん。）	

> 24B：啊，行行行，挺好。　　【あいづち：理解】【承諾】【プラス評価】
> 　　　（あ、オッケーオッケーオッケー、すごくいいね。）
> ……（後略）

例4-3-25（場面①・中・10）

> ＜勧誘部＞
> ……（前略）
> 22B：我最近几乎都是像吃草一样，每天就随便上那个　　【情報提供】
> 　　　（私最近草を食べているみたい、毎日適当に）
> 　　　便利店买一点蔬菜，随便炒炒吃了。　　【情報提供】
> 　　　（コンビニで野菜を買って、適当に炒めて食べてる。）
> 23A：那你有福了，他那边你看啊，什么牛肉，羊肉猪肉，虾啊，贝啊，都有。
> 　　　　　　　　　　　　　　　　　　　　　　【情報提供】
> 　　　（じゃあなたはついてるね、あそこはね、牛肉とか、羊肉とか、豚肉とか、エビとか、貝とか、何でもあるよ。）
> 24B：太好了。　　　　　　　　　　　　　　　【プラス評価】
> 　　　（すごくいいね。）
> ……（後略）

(3) 勧誘に積極的な態度を示す【プラス情報提供】の使用

　被勧誘者が勧誘内容に興味がある場面①においては、中国語の勧誘会話には日本語と同じく、被勧誘者からの【勧誘】に積極的な態度を示す【プラス情報提供】の使用が多く見られた。

【プラス情報提供】の使用例
例4-3-26（場面①・中・4）

> ＜勧誘部＞
> ……（前略）
> 09A：那听○说有一个烤肉店特别好吃。　　【情報提供】
> 　　　（○からおいしい焼肉屋さんがあるって聞いた。）

```
10B：啊，是吗。                              【あいづち：理解】
    (あ、そう。)
11A：要不要我们一起去啊？                    【勧誘】
    (私たち一緒に行かない？)
12B：烤肉呀，我最近超喜欢（h）吃（h）烤（h）肉，【プラス情報提供】
    (焼肉、私が最近焼肉大好き。)
    ［好。                                   【承諾】
    (いいよ)
13A：［真的呀hhh                             【あいづち：感情の表出】
    (ほんとう？)
14B：好，一块去啊。                          【承諾】
    (いいよ、一緒に行こう。)
……（後略）
```

　この例では、被勧誘者は勧誘者からの誘いに対して、12Bで「我最近超喜欢吃烤肉」と勧誘に積極的な【プラス情報提供】をし、その後「好」と言い、【勧誘】を【承諾】している。日中両方ともに、被勧誘者による【勧誘】に積極的な態度を示す【プラス情報提供】の使用は興味の有無を示す重要な印となっている。

4.3.2.2　被勧誘者が勧誘内容に興味がない場合における中国語の被勧誘者の言語行動の特徴

　被勧誘者が勧誘内容に興味がない場合には、中国語の被勧誘者の言語行動に以下の（1）〜（3）の特徴が見られた。

　（1）被勧誘者による【情報要求】の使用が多い。

　（2）「以前去的地方又贵，又不好吃。（以前行ったところは高いし、おいしくもなかった。）」と勧誘に消極的な自分の過去の経験に関する【マイナス情報提供】をする。

　（3）被勧誘者からの「自助太太贵了呀。咱也不挣啥钱。（食べ放題がめっちゃ高いじゃん、私たちお金稼いでないし。）」のような【マイナス意見提示】や、「啊↑，吃烤肉啊↓。（う：

ん↑、焼肉か↓。）」のような【確認要求】で興味がないことを示す。

　ここでは、被勧誘者からの【情報要求】と自分のよくない経験に関する【マイナス情報提供】の使用について詳しくみていく。

(1) 勧誘内容に関する【情報要求】の使用
　被勧誘者の勧誘内容に対する興味の有無に関わらず、被勧誘者による【情報要求】が多い。しかし、興味がない場面②には、【情報要求】の現れる位置は【勧誘】の後、【承諾】の前であり、興味がある場面①は、【勧誘】の後、【承諾】の後に現れることが多い。簡単に説明すると、以下のようになる。
　興味がある場面①：A【勧誘】→B【情報要求】……→B【承諾】
　興味がない場面②：A【勧誘】→B【承諾】→B【情報要求】……
　勧誘内容に興味がない時の被勧誘者からの【情報要求】が勧誘者からの【勧誘】の発話に対して応答を回避したり、考える時間を取ったりして、相手に対する配慮も示している。

例 4-3-27（場面②・中・3）

```
＜勧誘部＞
01A：周五晩上咱们一块去吃饭吧。                【勧誘】
　　（金曜の夜、私たち一緒にご飯を食べに行こうよ。）
　　 我同学説有一家烤肉店不錯，               【情報提供】
　　（私の友達がいい焼肉屋さんがあるって言ってた。）
　　 你跟我一块去吧。                          【勧誘】
　　（あなたは私と一緒に行こうよ。）
02B：在哪呢？                                 【情報要求】
　　（どこにあるの？）
03A：我也不知道，我一会问问他。               【情報提供】
　　（私もよく分からない。後で彼に聞いてみる。）
```

◆　「勧誘」の言語行動についての日中対照研究　◆

> 04B：啊，行。那价位，一般是什么情况？　　　　【理解】【情報要求】
> 　　　（あ、いいよ。じゃ値段は、どうなの？）
>
> 05A：一个半小时才花60块钱。　　　　　　　　　　　　【情報提供】
> 　　　（一時間半でたったの60元だよ。）
>
> 06B：啊，　　　　　　　　　　　　　　　　　　【あいづち：理解】
> 　　　（あ。）
> 　　　我以前去都是90块钱以上的。服务态度不太好，
> 　　　　　　　　　　　　　　　　　　　　　　【マイナス情報提供】
> 　　　（私以前行ったところは全部90元以上で、接客態度があまりよくなかった。）
> 　　　质量也不是特别好。对烤肉店都没啥信心了。【マイナス情報提供】
> 　　　（食べ物もあまりよくなかった。焼肉屋にはもう期待しないの。）
>
> 07A：就是这个便宜，然后他们都说服务态度也挺好的，也挺干净的。
> 　　　　　　　　　　　　　　　　　　　　　　　　【情報提供】
> 　　　（ここは安いの。みんな接客態度がよくて衛生的だって言ってる。）
> 　　　而且你不是最喜欢吃金针菇吗，［也有。　　　　【情報提供】
> 　　　（しかもあなたはエノキ大好きでしょ、あるよ。）
>
> 08B：　　　　　　　　　　　　　［嗯。　　　　　【あいづち：同意】
> 　　　（うん。）
>
> 09A：饮料水果也都挺全的。　　　　　　　　　　　　　【情報提供】
> 　　　（飲み物や果物も揃ってる。）
>
> 10B：你（h）别（h）诱（h）惑（h）我（h）。　　　　【命令】
> 　　　（あ（h）な（h）た（h）は（h）私（h）を（h）迷（h）わ（h）せ（h）な（h）い（h）で（h）。）
>
> 11A：hh 你就跟我去吧。　　　　　　　　　　　　　　【再勧誘】
> 　　　（hh あなたは私と行こうよ。）
>
> 12B：行，那也行，反正也不贵。那就去看看呗。　　　　【承諾】
> 　　　（オッケー、まあいいよ、どうせ高くないし。じゃ行ってみようか。）
>
> 13A：行。　　　　　　　　　　　　　　　　　　　　　【同意】
> 　　　（オッケー。）

例4-3-27は、01Aによる【勧誘】から最後の12Bの「行，那也行。反正也不贵。那就去看看呗。（オッケー、それでもいいよ。どうせ高くないし、行ってみようか。）」という【承諾】までの間にいくつもの発話がなされている。06Bの「我以前去都是

90块钱以上的。服务态度不太好，质量也不是特别好。対烤肉店都没啥信心了。（私以前行ったところは全部90元以上で、接客態度があまりよくなかった。食べ物もあまりよくなかった。焼肉屋にはもう期待しないの。）」からみると、07Aの勧誘者の【情報提供】が始まるまでは被勧誘者が勧誘内容にあまり興味がないことが分かる。01Aの勧誘者の勧誘発話に対して被勧誘者は02Bと04Bで焼肉について【情報要求】をしている。被勧誘者が【勧誘】の発話に対して【情報要求】をすることで、勧誘に対する返事を回避し、考える時間を取っているのだろう。興味がない【勧誘】の内容について被勧誘者が【情報要求】を繰り返すことは勧誘者に対する配慮の一種と考えられる。

　勧誘内容に対する興味の有無に関わらず、被勧誘者からの【情報要求】が見られるが、興味がある場合と興味がない場合における【情報要求】の出現位置は異なる。被勧誘者が勧誘内容に興味がある場合にも、被勧誘者からの【情報要求】が現れるが、その出現位置は【勧誘】と【承諾】の後であり、その後、勧誘者からの【情報提供】に対して、被勧誘者による【プラス評価】が続く。被勧誘者が勧誘内容に興味があるかどうかを見るには、被勧誘者からの【情報要求】だけでなく、【情報要求】の出現位置とその前後の発話を見ることが必要である。

(2) よくない経験に関する【マイナス情報提供】の使用

　被勧誘者が勧誘内容に興味がない場合には、日本語と同様に中国語においても被勧誘者からの自分のよくない経験に関する【マイナス情報提供】が見られた。4.3.3で述べたように、中国語の勧誘会話における被勧誘者からのよくない経験に関する【マイナス情報提供】は、自分のよくない経験を述べることにより、勧誘内容についての【マイナス意見提示】、【マイナス評価】ともなっている。

◆ 「勧誘」の言語行動についての日中対照研究 ◆

【マイナス情報提供】の使用例
例 4-3-28（場面②a・中・2）

＜勧誘部＞
……（前略）

12A：哎呀[1]，我那会听我那个同学说的一个新开的店，　　【情報提供】
　　　（いや、私は前に友達から新しい焼肉屋さんができたって聞いた。）

　　　那一个人60块钱，不是特别的贵。　　【情報提供】
　　　（そこは一人60元、そんなに高くない。）

13B：是吗。　　【あいづち：感情の表出】
　　　（そうなの。）

14A：嗯。　　【あいづち：同意】
　　　（うん。）

15B：啊：,60还行。　　【あいづち：理解】【意見提示】
　　　（あ、60ならまあいいね。）

　　　那感觉那有的东西不太干净，　　【マイナス意見提示】
　　　（でもあまり衛生的じゃないものもある気がする。）

　　　吃完之后我还拉过肚子呢，我记得。　　【マイナス情報提供】
　　　（食べた後、私下痢になったことも覚えてるよ。）

16A：啊，这个店我没吃过，　　【あいづち：理解】【情報提供】
　　　（あ、この店で私食べたことない。）

　　　我只听说那还挺干净的，服务态度也挺好的。　　【情報提供】
　　　（私はただそこがきれいで、サービス態度もいいと聞いただけ。）

　　　要不然咱们去试试呗？　　【再勧誘】
　　　（私たち試しに行ってみないか？）

1　中国語の「哎呀」は、感動詞で、驚きや不満、厭きた気持ちを表すことができる。
例：哎呀！你孩子都长这么大了。（あら、お子さんはもうこんなに大きくなったのね。）
　　哎呀！你怎么才来？我都等你半天了。（もう、やっと来た。ずっと待てたのよ。）
　　哎呀！你怎么这么啰唆啊！（あー↓あ↑、あなたどうしてこんなにくどいの。）

◆ 4　分析結果と考察 ◆

> 17B：服务态度，感觉有的服务员看你多吃了就不高兴。
> 　　　　　　　　　　　　　　　　　　　　【マイナス意見提示】
> 　　（サービス態度。なんか多く食べると店員に嫌がられる感じがする。）
> 18A：哎呀，［反正咱们两个女生一个人60块钱，肯定吃不完，他能把咱们怎么样啊？
> 　　　　　　　　　　　　　　　　　　　　　　　　　【異意見提示】
> 　　（いや、私たち女性二人で一人60元、絶対もとを取れない、私たちをどうすることもできない。）
> ……（後略）

　この中国語の例では、被勧誘者は12Aの勧誘者からの【情報提供】に対して、15Bで「60还行。（60元ならまだいい）」と【評価】をした後に、「那感觉那有的东西不太干净，吃完之后我还拉过肚子呢，我记得。（でもあまり衛生的じゃないものもある気がする。食べた後、私下痢になったことも覚えてるよ。）」と自分のよくない経験について語ることで、「食べ物があまり衛生的じゃない」と焼肉に【マイナス評価】をしている。それに対して、勧誘者が16Aでさらに【情報提供】をし、【再勧誘】を行っている。勧誘者からの【再勧誘】に対して、被勧誘者は17Bで自分の経験から焼肉食べ放題のところの「服务态度（サービス態度）」があまりよくないと【マイナス意見提示】をしている。それに対して、勧誘者が異意見を提示し、被勧誘者を説得しようとしている。被勧誘者が自分のよくない経験を根拠として、勧誘内容についてマイナスな意見を提示したり、【マイナス評価】をしている。

4.3.2.3　中国語の勧誘会話における被勧誘者の言語行動についてのまとめ

　勧誘内容に対する興味の有無による中国語の被勧誘者の言語行動の違いは以下のようにまとめることができる。

(1) 被勧誘者が勧誘内容に興味がある場合における中国語の被勧誘者の言語行動の特徴

1) 積極的に【情報要求】をする。【情報要求】の出現位置は被勧誘者が勧誘者からの【勧誘】を【承諾】した後に多い。

2) 勧誘者からの【情報提供】に対して、「挺便宜的。（めっちゃ安いね）」のような【プラス評価】をする。

3) 「好久没吃烤肉了。（焼肉は久しぶりだ。）」のような勧誘に積極的な【プラス情報提供】をする。

(2) 被勧誘者が勧誘内容に興味がない場合における中国語の被勧誘者の言語行動の特徴

1) 被勧誘者が【情報要求】をするが、出現位置は被勧誘者が勧誘者からの【勧誘】を【承諾】する前が多い。

2) 「以前去的地方又贵，又不好吃。（以前行ったところは高いし、おいしくもなかった。）」のように自分のよくない経験について語る。

3) 「自助太太贵了呀。咱也不挣啥钱。（食べ放題がめっちゃ高いじゃん、私たちお金稼いでないし。）」のようなマイナス【意見提示】をしたり、「啊↑，吃烤肉啊↓。（う：ん↑、焼肉か↓。）」のような【保留】で興味がないことを示したりする。

中国語の被勧誘者が勧誘内容に興味がある場合と興味がない場合における被勧誘者の言語行動の特徴を図にまとめると、以下のようになる。

表 4-3-2　中国語の被勧誘者の勧誘内容への興味の有無による言語行動の特徴

興味がある場合の被勧誘者の言語行動の特徴	興味がない場合の被勧誘者の言語行動の特徴
(1) プラス情報提供 好久没吃烤肉了。 (焼肉は久しぶりだ。)	(1) マイナス情報提供 我好像以前有去过一些,但是没有遇到特別満意的。 (私も以前行ったことがあるが、満足できたのはなかった。)
(2) プラス評価 挺便宜的。 (めっちゃ安いね。)	(2) マイナス評価 那感覚那有的東西不太干浄。 (食べ物があんまり衛生じゃない。)
(3) 情報要求 多少銭？(いくら？)	(3) 情報要求 在哪呢？(どこ？)
・出現位置 【承諾】した後に出現することが多い。 A【勧誘】→B【承諾】→B【情報要求】……	・出現位置 【承諾】する前に出現することが多い。 A【勧誘】→B【情報要求】……→B【承諾】
・【情報要求】の後、勧誘者からの【情報提供】に対して【プラス評価】をすることが多い。	・【情報要求】の後、勧誘者からの【情報提供】に対して【マイナス意見提示】や、勧誘に消極的な態度を示す【マイナス情報提供】がよく見られる。

注：×は出現しなかったことを示す。

　中国語の勧誘会話においては、【あいづち】は少なく、被勧誘者からの【情報提供】や、勧誘内容に関する情報についての【評価】、【意見提示】など、実質的発話の内容がプラスかマイナスかによって被勧誘者が勧誘内容に興味があるかどうかが分かる。中国語の被勧誘者の言語行動の特徴として、勧誘内容に興味がある場合にも興味がない場合にも【情報要求】が多用される。ただし、【情報要求】の出現位置は異なり、興味がある場合には、被勧誘者が勧誘者からの【勧誘】に対して【承諾】する後に多く見られるが、興味がない場合には、自分が勧誘を受けるかどうかを考える時間を稼ぎ、相手に対する配慮として、被勧誘者が勧誘者からの【勧誘】に対して【承諾】する前に見られる。

4.3.3　日中の被勧誘者の言語行動の対照：被勧誘者の勧誘内容への興味の有無による違い

　4.3.1 と 4.3.2 では、日中の被勧誘者の言語行動を興味がある場合と興味がない場合に分けて考察してきた。ここでは、被勧誘者が勧誘内容に興味がある時と興味がない時の日中の勧誘会話の言語行動の異同についてまとめる。

(1) 日中の被勧誘者の言語行動に見られる共通点

日中どちらの被勧誘者も【評価】や、【情報提供】の内容がプラスかマイナスかにより勧誘内容に興味があるかどうかを示している。

(2) 日中の被勧誘者の言語行動に見られる相違点

日本語の勧誘会話の一つの特徴は【あいづち】の使用である。【あいづち】は日本語の会話で重要な役割を果たし、会話がスムーズに進めるために欠かせない要素であり、勧誘会話においても多用されている。今回のデータでは、被勧誘者が勧誘内容に興味があるかどうかに関わらず、被勧誘者からのあいづちの使用が日本語の勧誘会話で頻繁に見られた。ただし、そのあいづちの使用と出現位置は興味の有無により異なる。

興味がある場合には、勧誘者からの勧誘内容に関する【情報提供】に対して、被勧誘者の「へぇ」「ほんとう」のような「感情の表出」を表す【あいづち】の使用が多いが、興味がない場合には、「理解」を表す【あいづち】がほとんどで、「不同意」を表す「う：ん」の使用も見られた。興味がない場合にも「感情の表出」を表す【あいづち】も見られたが、興味がある場合の「感情の表出」を表す【あいづち】と出現位置に違いが見られた。日本語では、被勧誘者は勧誘内容に興味があるかどうかにより、あいづちを使い分けていることが分かる。【あいづち】は日本語では重要な役割を果たし、また日本語学習者の日本語学習における重要な課題の一つであるため、【あいづち】の使用については4.4を立てて詳しく述べる。

一方、中国語では、【あいづち】の使用数は少なく、被勧誘者は【あいづち】より実質発話で興味があるかどうかを示している。

例えば、被勧誘者が勧誘内容に興味がある場合には、中国語

の場合は被勧誘者が勧誘者からの【勧誘】をすぐ【承諾】して、その後勧誘内容についていろいろ【情報要求】をすることが多く見られた。勧誘者からの【情報提供】に対して、日本語の「へぇ」「マジ」のような【あいづち】で興味を示すより、中国語では、被勧誘者が勧誘内容に関する【情報要求】をし、積極的に相手に働きかけ、興味があることを示している。

　興味がない場合にも、中国語の被勧誘者からの【情報要求】が見られたが、その【情報要求】は被勧誘者が【勧誘】を【承諾】する前に見られる。日本語の【あいづち】を打って相手に協力的な姿勢を示すより、【情報要求】をして、考える時間を取ったり、相手に対する配慮も示している。

(3) 発話連鎖との関係

　ここまで、日中の被勧誘者の言語行動について見てきた。被勧誘者の言語行動は勧誘者の言語行動と密接に関係しているため、4.2.3、4.3.4で日中の会話の展開の部分でも述べたが、日中の被勧誘者の言語行動の特徴を発話連鎖との関係から簡単に見ると、以下のようになる。

興味がある場合の発話連鎖

　日本語では、被勧誘者が【勧誘】を【承諾】する前に、「A【情報提供】―B【あいづち：理解】／【あいづち：感情の表出】／【評価】」の繰り返しが多く見られた。

　一方、中国語の方は、被勧誘者が【勧誘】に対してすぐ【承諾】をし、その後、「B【情報要求】―A【情報提供】―B【評価】／【あいづち】」の繰り返しがよく見られた。

　図にまとめると、以下のようになる。

図 4-3-1　興味がある場合における日中の発話連鎖の特徴

日本語	中国語
＜導入部＞ 　　A 情報要求―B 情報提供 　　　　　　↓ 　　A 情報提供―B あいづち／評価 　　　　　　（繰り返し）	＜導入部＞ 　　A 情報要求―B 情報提供／ 　　　　　　スモールトーク 　　　　　　↓
＜勧誘部＞ 　　　　　　↓ 　　A 勧誘―B 承諾	＜勧誘部＞ 　　A 情報提供＋勧誘―B 承諾 　　　　　　↓ 　　B 情報要求―A 情報提供―B 評価／ 　　　　　　　　　　あいづち 　　　　　　（繰り返し）

興味がない場合の発話連鎖

　日本語では、勧誘者が【情報提供】をしている間に、「A【情報提供】―B【あいづち：理解】／【マイナス意見提示】」の繰り返しが多く見られ、被勧誘者が自分の経験について語る時に、「B 経験に関する【マイナス情報提供】―A【あいづち：理解】」の繰り返しのパターンでよく見られた。よくない経験は＜導入部＞か＜勧誘部＞のどちらか一方に現れる。それに対して、中国語の方は、「A【情報提供】―B 経験による【意見提示】」や、「B【情報要求】―A【情報提供】」の発話連鎖がよく見られた。
　図にまとめると、以下のようになる。

図 4-3-2 興味がない場合における日中の発話連鎖の特徴

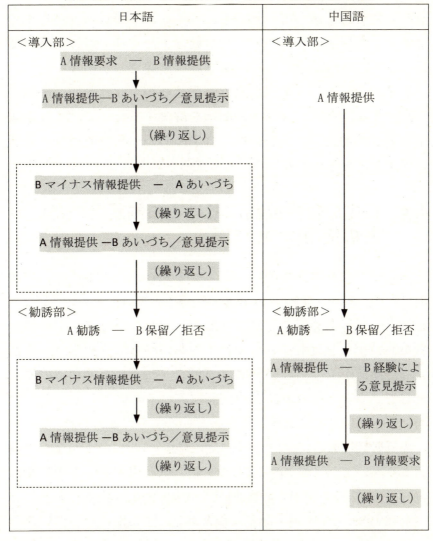

　以上、日中の被勧誘者の言語行動の異同について対照してきた。日中の勧誘会話では、勧誘内容に興味があるかどうかにより、特徴的な被勧誘者の言語行動が見られた。日中の勧誘会話はまず展開の構造が異なり、あいづちの使用や、それに関連して発話連鎖にも違いが見られた。中国語を母語とする日本語学習者

が日本人を誘ったり、誘われたりする際に、中国語の言語行動をそのまま持ち込んでしまうと、コミュニケーションがうまく進まず、摩擦が生じるかもしれない。また、日本語の勧誘会話についての理解がなければ、日本語は曖昧で分からないとか、イライラするというような誤解が生じるかもしれない。そのようなコミュニケーション上の問題を解決するためには、日本語学習者は被勧誘者の言語行動、日中のあいづちの使用や、会話の展開なども理解する必要があるだろう。

4.4 日中の勧誘会話における被勧誘者のあいづちの使用について

あいづちは日本語でのコミュニケーションに欠かせない潤滑油であり、あいづちを正しく的確に使うことでコミュニケーションをスムーズに進めることができる。しかしながら、日本語学習者があいづちを打たない、学習者のあいづちに違和感があるといった指摘が少なくない（堀口 1997）。こうした違和感の原因として、もともと日本語と中国語におけるあいづちの打ち方やあいづちに関する意識等が異なっていることが考えられる。

先行研究において、(1) 日本語のあいづちの使用頻度が中国語より高いこと（劉 1987、Clancy 他 1996、楊 1999、など）や、(2) 日本語のあいづちの表現形式が中国語より豊富であること（水野 1988、楊 1996、など）などが既に明らかになっている。また、4.3 において、日本語の被勧誘者のあいづちの使用には以下のような特徴があることを指摘した。(1) 日本語の勧誘会話では、被勧誘者が勧誘内容に興味があるかどうかに関わらず、頻繁に「理解」のあいづちを打っていること、(2) 日本語の勧誘会話では、「へぇ」「まじ」などの「感情の表出」を表すあいづちが勧誘内容に興味があることを示す重要な手段の一つで

あること、(3) 被勧誘者が勧誘内容に興味がない場合にも、被勧誘者からの「感情の表出」を表すあいづちの使用が見られるが、勧誘発話に対する応答として使われたり、その前後に勧誘内容に消極的な態度を示す【マイナス情報提供】の発話が見られたりすることが多い。

4.1で述べたように、今回のデータにおける日中の勧誘会話の展開は図4-1-1（再掲）のようにまとめることができる。

図4-1-1 日中の勧誘会話の展開

被勧誘者が勧誘内容に興味がある場面① (20組)	被勧誘者が勧誘内容に興味がない場面② (20組)			
すぐに勧誘を承諾 (20組)	最後に勧誘を承諾 (18組)		勧誘を保留 (2組)	
日・10　　中・10	日・8	中・10	日・2	中・0
興味がある ↓ 承諾	興味がない ↓ 興味を持ち始める ↓ 承諾		興味がない ↓ 保留	

4.4では、日中の被勧誘者のあいづちの使用を「興味がある」場面①、「興味がない」場面②a[1]、最後に承諾している会話の「興味を持ち始めてから承諾するまで」場面②bの3つの部分について考察し、興味の有無による日中の被勧誘者のあいづちの使用の特徴を詳しく見る。

---

[1] 4.3でも述べたが、興味がない場面②aでは、最後には保留したままで会話を終えている会話と最後に承諾した会話の「興味がない部分」の2つの部分を指す。

4.4.1 日本語の勧誘会話における被勧誘者のあいづちの使用について

4.3で日本語の被勧誘者のあいづちの使用について述べたが、ここでは、さらに詳しく説明する。本研究では、日本語の勧誘会話の＜導入部＞と＜勧誘部＞において、被勧誘者が使用したあいづちを全て数え、またあいづちの各機能の出現数をまとめた。その結果、表4-4-1で示したように、日本語の勧誘会話においては、被勧誘者が勧誘内容に興味があるかどうかに関わらず、被勧誘者は頻繁にあいづちを使用しているが、「感情の表出」を表すあいづちの使用は興味があるかどうかを表す重要な特徴の一つであることが分かった。

表4-4-1　日本語：被勧誘者のあいづちの使用（場面①、場面②ａ、場面②ｂ）

機能　場面	理解	感情の表出	同意	不同意	あいづち合計
場面①	67.0% (61)	27.5% (25)	5.5% (5)	0	100.0% (91)
場面②ａ	79.3% (65)	11.0% (9)	3.7% (3)	6.1% (5)	100.0% (82)
場面②ｂ	41.5% (17)	46.3% (19)	12.2% (5)	0	100.0% (41)
総計	66.8% (143)	24.8% (53)	6.1% (13)	2.3% (5)	100.0% (214)

また、同じ表現形式でも、被勧誘者が勧誘内容への興味の有無により、出現位置に違いが見られた。（1）では、興味がある場面①と興味がない場面②ａの被勧誘者のあいづちの使用、（2）では場面②の「興味を持ち始めてから最後まで」の部分②ｂにおける被勧誘者のあいづちの使用、及び場面②ａとの比較につ

いて分析していく。

（1）日本語の興味がある場面①と興味がない場面②aにおける被勧誘者のあいづちの使用について

　被勧誘者が勧誘内容に興味がある場面①と興味がない場面②aにおいて被勧誘者が使用したあいづちの機能別使用頻度は表4-4-1で示した通りである。ここでは、「理解」「感情の表出」「同意」「不同意」の4つの機能について順に見ていきたい。

1）場面①と場面②aにおける「理解」を表すあいづちの使用

　表から分かるように日本語では、「理解」を表すあいづちの使用は、興味がある場面①では67.0％、興味がない場面②aでは79.3％、被勧誘者が勧誘内容に興味があるかどうかに関わらず一番多い。従って「聞いているよ、分かった」ということを示すのがあいづちの基本的な機能ではないと考えられる。興味の有無に関わらず、相手との人間関係を大事にし、「聞いているよ、分かる、続けてください」という気持ちを示しながら、相手の話に協力的な姿勢を示しているのだろう。

例4-4-1（場面①・日・4）

```
＜勧誘部＞
……（前略）
33A：なんかそこ〇〇さん行って、なんかいいと言っとってな、【情報提供】
34B：うんうん。                              【あいづち：理解】
35A：なんかお店の雰囲気めっちゃいいし、              【情報提供】
36B：うん。                                【あいづち：理解】
37A：なんかね、接客いいらしいよ。                  【情報提供】
38B：あ、そうなの。                     【あいづち：感情の表出】
39A：うんうんうん。                         【あいづち：同意】
40B：カンさんがそんなにお勧めなら。                【意見提示】
```

◆ 「勧誘」の言語行動についての日中対照研究 ◆

> 41A：そう。珍しくない？○○さんがそんなほめるなんか絶対いい決まってるやんみたいな。　【あいづち：同意】【意見提示】
> ……（後略）

例 4-4-2（場面②a・日・1）

> ＜導入部＞
> ……（前略）
> 05A：えっとね、なんかあのう○○さん言ってたんやけど、【情報提供】
> 06B：うん。　【あいづち：理解】
> 07A：えっと近くになんかいい焼肉なんかえっとバイキングのお店があって、　【情報提供】
> 08B：うんうん。　【あいづち：理解】
> 09A：で、値段はね2000円ぐらいで [割と安いんだって。【情報提供】
> 10B：　　　　　　　　　　　　　　[うん、【あいづち：理解】
> 11 ：けっこう安いね。　【評価】
> 12A：うん、でしょ。　【同意】
> 13B：うん。　【あいづち：同意】
> 14A：そう。なんか行ってみたいなと思ってて。
> 　　　　　　　　　　　【あいづち：同意】【意志提示】
> 15B：うんうん。　【あいづち：理解】
> 16A：で、そこにはもちろんなんか肉とかもあるし、なんかケーキとかもあって、　【情報提供】
> 17B：ケーキ。　【あいづち：理解】
> 18A：なんか超おいしそうじゃない？　【同意見要求】
> 19B：うん。　【同意】
> 20A：うん。　【あいづち：同意】
> 21B：でも、2000円って安すぎない？【マイナス意見提示】
> 22A：あ：　【あいづち：理解】
> 23B：大丈夫かな。　【マイナス意見提示】
> ……（後略）

2）場面①と場面②aにおける被勧誘者の「感情の表出」を表すあいづちの使用

　被勧誘者が勧誘内容に興味がある場面①では、被勧誘者が「感情の表出」を表すあいづちの使用（27.5％）がよく見られた。被勧誘者が勧誘内容に興味がない部分場面②aでも、被勧誘者からの驚きなど「感情の表出」を表すあいづちが11.0％使用されており、被勧誘者は勧誘内容に興味がない時にも「感情の表出」を表すあいづちを使用しているが、使用数は少なく、またその出現位置には大きな違いが見られた。

　4.3.1で述べたように、被勧誘者が勧誘内容に興味がある場面①においては、「感情の表出」を表すあいづちは、例4-4-3の網掛けの部分のように勧誘者からの勧誘内容に関する【情報提供】に対する驚きの反応として打たれることが多く、または「へぇ、すごい。」のようなプラス【評価】や、「えっ、マジ。それいくら？」のような勧誘内容に関する【情報要求】など、勧誘に対して積極的な態度を示す発話と一緒に出現することが多かった。

　発話連鎖としては、A【情報提供】—B【あいづち：感情の表出】＋【プラス評価】／【情報要求】が特徴的である。

例4-4-3（場面①・日・9）

```
＜勧誘部＞
……（前略）
07A：なんか焼肉の店なんだけど、           【情報提供】
08B：うん。                              【あいづち：理解】
09A：お肉もあるし、                      【情報提供】
10B：お：                               【あいづち：感情の表出】
11A：あと、海鮮もあるし、                【情報提供】
12B：[へぇ                              【あいづち：感情の表出】
13A：[野菜ももちろんあるし。             【情報提供】
```

```
14B：へぇ［：                                    【あいづち：感情の表出】
15A：   ［あとドリンクとか、あと果物とか、ケーキもあ［るんだよ。
                                                【情報提供】
16B：                                 ［え：、いいねそれ。
        【あいづち：感情の表出／驚き】【評価】
……（後略）
```

一方、被勧誘者が勧誘内容に興味がない時には、勧誘者からの勧誘内容に関する【情報提供】に対しても打たれるが、その後に「えっ、おいしい？なんか味普通って聞いたんだけど」のような勧誘に対して消極的な態度を示す発話が多く見られた（例4-4-4）。また、勧誘発話に対する応答としても使われている（例4-4-5）。従って、「感情の表出」を表すあいづちはその出現位置により相手の発話に興味があることを示すことも、逆方向に機能することもできると言える。

発話連鎖としては、A【情報提供】―B【あいづち：感情の表出】＋【マイナス情報提供】が特徴的である。

例4-4-4（場面②a・日・6）

```
＜勧誘部＞
……（前略）
11A：でもなんかあのう何だっけ、羊とかなんか魚介も、   【情報提供】
12B：羊？                                       【あいづち：感情の表出】
13A：あるんで hhhhhhhh                            【情報提供】
14B：羊？                                       【あいづち：感情の表出】
     えっ、それおいしいん？                         【情報要求】
     なんか味普通って聞いたんけど。                 【マイナス情報提供】
15A：そうなん hhh                                 【あいづち：感情の表出】
16B：        hhh
17A：えっ、でもなんか牛肉よりさあ、なんかいいとか言えへん？体に。
                                                【情報提供】
（……後略）
```

例 4-4-5 （場面②a・日・7）

<導入部>	
……（前略）	
08B：あ：、でも私焼肉を食べに行ったしなぁ。	【情報提供】
09A：そうなん。	【あいづち：理解】
<勧誘部>	
10：えっ、や、いけるやろう？	【勧誘】
11B：へえ。	【あいづち：感情の表出】／【保留】
12A：ケーキとかもあるし。	【情報提供】
13B：うん。	【あいづち：理解】
……（後略）	

また、興味がある場面①における「感情の表出」を表すあいづちの使用は勧誘を進めさせる機能もある。被勧誘者が「へえ」、「ほんとう」などのあいづちを打ち、「あなたの話に興味を持っているよ、続けて」という意志を相手に伝え、相手の話に興味があることが示される。同時に、勧誘者がそれを読み取り、被勧誘者に勧誘の発話を発したり、さらに勧誘内容に関する情報を提供したりしている。

例 4-4-6 （場面①・日・5）

<導入部>	
……（前略）	
09A：なんかね、す：ごい、えっとね、いろんな物食べれて、	【情報提供】
10B：うんうんうん。	【あいづち：理解】
11A：お肉だけじゃなくて、	【情報提供】
12B：うん。	【あいづち：理解】
13A：野菜いっぱいあるし、	【情報提供】
14B：へえ。	【あいづち：感情の表出】
15A：デザートとかもいっぱいあるねんやって。	【情報提供】
16B：あ、そうなんや。	【あいづち：感情の表出】
17A：うん。	【あいづち：同意】

```
18B：えっ、そんないいとっこあるとは知らんかった［ぜんぜん。
                                                    【情報提供】
19A：                                    ［うん。
                                              【あいづち：理解】

     で、今度さ、                                  【勧誘】
20B：うん。                                   【あいづち：理解】
```

```
＜勧誘部＞
21A：授業終わったあと、えっ、金曜日とかどう？時間空いてる？
                                                    【情報要求】
     一緒にいかへん？                                【勧誘】
22B：あ、空いてる空いてる、私なんかずっと焼肉なんかに行きたいと
     思っとったんよ、本当に。              【承諾】【情報提供】
……（後略）
```

3）場面①と場面②ａにおける「同意」を表すあいづちの使用

日本語では、場面①では5.5%（5）、場面②ａでは3.7%（3）と、被勧誘者が勧誘内容に興味があるかどうかに関わらず、どちらも「同意」を表すあいづちの使用数が少なく、大きな差が見られなかった。

例4-4-7（場面①・日・1）

```
＜導入部＞
……（前略）
15A：そう、それでめちゃなんかお店雰囲気がいいらしい。【情報提供】
     ［たぶん、たぶんなんかあれちゃうかな、
16B：［うん：うんうん。                        【あいづち：理解】
17A：けむたくないとかいろいろ［あるか(h)も(h)し(h)れ(h)ん(h)
     けど、                                         【情報提供】
18B：                    ［ｈ ｈ ｈ ｈ
19 ：え↓、よ↓く↓な↓い↓                         【評価】
20A：そ(h)う(h)そ(h)う。                   【あいづち：同意】
21B：うん。                               【あいづち：同意】
……（後略）
```

例4-4-7のように、被勧誘者が勧誘内容に興味がない場面②aにおける被勧誘者の「同意」を表すあいづちの使用は被勧誘者の勧誘者に対する一つの配慮だと考えられる。被勧誘者が勧誘者との人間関係を維持しながら、自分の行きたくない気持ちを勧誘者に伝えようとしているのだろう。

例4-4-8（場面②a・日・1）

```
＜導入部＞
……（前略）
05A：えっとね、なんかあのう〇〇さん言ってたんやけど、【情報提供】
06B：うん。                                      【あいづち：理解】
07A：えっと近くになんかいい焼肉なんかえっとバイキングのお店があ
     って、                                        【情報提供】
08B：うんうん。                                  【あいづち：理解】
09A：で、値段はね2000円ぐらいで[割と安いんだって。【情報提供】
10B：            [うん、              【あいづち：理解】
11 ：けっこう安いね。                              【評価】
12A：うん、でしょ。                                【同意】
13B：うん。                                     【あいづち：同意】
14A：そう。なんか行ってみたいなと思ってて。
                              【あいづち：同意】【意志提示】
15B：うんうん。                                 【あいづち：理解】
16A：で、そこにはもちろんなんか肉とかもあるし、なんかケーキとか
     もあって、                                    【情報提供】
17B：ケーキ。                                   【あいづち：理解】
18A：なんか超おいしそうじゃない？               【同意見要求】
19B：うん。                                        【同意】
20A：うん。                                     【あいづち：同意】
21B：でも、2000円って安すぎない？           【マイナス意見提示】
22A：あ：                                      【あいづち：理解】
23B：大丈夫かな。                            【マイナス意見提示】
……（後略）
```

この日本語の例では、勧誘者の「値段はね2000円ぐらいで割と安い」という【情報提供】に対して、被勧誘者は11Bで「けっこう安いね」と【評価】し、13Bで「うん」と【あいづち】を打って、勧誘者に【同意】を表しているが、続けて21B、23Bで「2000円って安すぎない？大丈夫かな。」の【マイナス意見提示】を行っている。

　また、「同意」を表すあいづちには「そう」などの表現形式も見られた。

　例4-4-9（場面②a・日・4）

```
＜勧誘部＞
……（前略）
27A：安くない？                    【同意見要求】
28B：安いと思う。　[hhh　うん。     【同意見提示】
29A：               [hhh
30 ：ふつう3000円ぐらいするし。      【情報提供】
31B：そう、3000円して、  【あいづち：同意】【マイナス情報提供】
32A：うん。                        【あいづち：理解】
33B：3000円よりしたやんか、[まえ行ったときは。【マイナス情報提供】
34A：             [うんうんうん。  【あいづち：理解】
……（後略）
```

4）場面①と場面②aにおける被勧誘者の「不同意」を表すあいづちの使用

　「不同意」を表すあいづちの使用は被勧誘者が勧誘内容に興味がない場面②aにしか見られなかった。被勧誘者が「不同意」を表すあいづちの使用を通して、自分のあまり焼肉に行きたくない気持ちを勧誘者に伝えている。

例 4-4-10（場面②a・日・①）

```
＜導入部＞
……（前略）
20B：お店の人の態度なんかもそんなによくない感じがして、
                                【マイナス情報提供】
21A：あ、そうなんや。                 【あいづち：理解】
22B：だから［安すぎ-              【マイナス意見提示】
23A：    ［でもなんかそこのお店がすごく雰囲気よくて、【情報提供】
24B：う：ん。                    【あいづち：不同意】
25A：なんかすごいあのう接客もいいらしいのね。    【情報提供】
26B：あ、そうなんだ。                【あいづち：理解】
……（後略）
```

この会話では、被勧誘者Bが以前に行った焼肉屋があまりよくなかったことが原因で、焼肉食べ放題にあまり行きたくないと伝えている。ここでは、勧誘者Aが行きたいお店について新たな【情報提供】（23A）をし、それに対して被勧誘者Bが「う：ん」と低い調子で発話している。つまり、懐疑心を伝え、「どうかな、ほんとうにいいのかな」と被勧誘者Bが勧誘者Aの【情報提供】に対して【不同意】を示している。勧誘者は被勧誘者の気持ちが分かった後も、25Aでさらに勧誘内容に関する【情報提供】をし、被勧誘者を説得しようとしている。

例 4-4-11（場面②a・日・1）

```
＜勧誘部＞
29A：で、なんか行ってみたいなあと思って、うん。どうかなと思った
    んだけど。                         【勧誘】
30B：う：ん。     【あいづち：不同意】／（【勧誘に対する保留】）
31A：90分で2000円だよ。安くない？        【意見要求】
```

例 4-4-11 でも、被勧誘者の「不同意」を表すあいづちの使用

が見られた。被勧誘者が勧誘者からの【勧誘】に対して、「う：ん」と「不同意」を表す【あいづち】を使用し、勧誘に対する【保留】にもなっている。勧誘者は被勧誘者のあまり興味がないことを読み取り、31Aで被勧誘者の意見を聞き、被勧誘者を説得しようとしている。

また、ここで被勧誘者が【勧誘】に対して【あいづち】で対応しているのは、勧誘者の「どうかなと思ったんだけど」という自分の意志を表す勧誘発話の表現形式にも関係していると考える。勧誘者は自分の意志を表す勧誘の発話を使用することで、相手が明確に回答しなくてもいい環境も作っている。

(2) 日本語の場面②bにおける被勧誘者のあいづちの使用について

場面②においては、被勧誘者が「勧誘内容に興味がない」から「勧誘内容に興味を持ち始めてから承諾するまで」になると、一つの特徴としては、「理解」を表すあいづちより、被勧誘者が「感情の表出」を表すあいづちの使用が11.0%（9）から46.3%（19）に大きく上昇していることである。また、その出現位置も、興味がない部分場面②aとは違い、被勧誘者が勧誘内容に興味がある場面①と同じく、「へぇ、すごい」のような【プラス評価】の発話と一緒に出現したり、勧誘に積極的な態度を示す発話がその前後に見られたり、相手の話に興味があることを積極的に示している。

また、被勧誘者が勧誘内容に興味を持ち始めるにつれ、「同意」を表すあいづちは3.7%（3）から12.2%（5）になり、「同意」を表すあいづちの使用が多くなっている。また、「不同意」を表すあいづちの使用もなくなった。

以上、被勧誘者が勧誘内容に興味がある場面①と、興味がな

い場面②aと、「勧誘内容に興味を持ち始めてから承諾するまで」場面②bにおける被勧誘者のあいづちの使用について見てきた。日本語の勧誘会話における被勧誘者のあいづちの使用には、以下のような特徴が見られた。

　(1)　「理解」は基本的な機能として、被勧誘者が勧誘内容に興味があるかどうかに関わらず、高い頻度で使用されている。

　(2)　「感情の表出」を表すあいづちは被勧誘者が勧誘内容に興味がある場合の一つの大きな特徴であるが、興味がない場合にも見られた。興味がある場合は、「感情の表出」を表すあいづちの前後に【情報要求】や【プラス評価】がよく見られるが、興味がない場合は、その前後に【マイナス情報提供】が見られることが多く、また勧誘発話に対する応答として使われる会話も見られた。

　(3)　「同意」を表すあいづちの使用数は少なく、被勧誘者が勧誘内容への興味の有無による大きな差が見られなかった。

　(4)　「不同意」を表すあいづちの使用は被勧誘者が勧誘内容に興味がない場合に見られた。数が少ないが、勧誘者からの【勧誘】の発話、【情報提供】に対して打たれていた。

　日本語のあいづちは、同じ表現形式でも出現位置により、会話の中で果たす機能も違ってくるし、あいづちを適切に使うことでコミュニケーションもスムーズに進められる。あいづちを、「バックチャンネル」と呼ぶ研究者もいて、あいづちが会話を「バック」で支えているように見えるが、日本語では、あいづちは会話の進行を大きく左右する力も持っており、実質発話と同じように会話に欠かせないものである。

4.4.2 中国語の勧誘会話における被勧誘者のあいづちの使用について

中国語の被勧誘者が勧誘内容に興味がない場面②においては、10組全部被勧誘者が最後に勧誘を承諾したため、場面②の会話を日本語と同じく、「興味がない」場面②aと「興味を持ち始めてから承諾するまで」場面②bの二つの部分に分けられる。

中国語の勧誘会話における被勧誘者のあいづちの使用数は少ないが、場面①と場面②a、場面②bの三つの場面における被勧誘者のあいづちの使用は以下のようにまとめられる。

表 4-4-2　中国語の勧誘会話における被勧誘者のあいづちの使用状況

機能　場面	理解	感情の表出	同意	不同意	あいづち合計
場面①	51.7% (15)	24.1% (7)	24.1% (7)	0	100.0% (29)
場面②a	81.8% (9)	9.1% (1)	9.1% (1)	0	100.0% (11)
場面②b	66.7% (6)	0	33.3% (3)	0	100.0% (9)
総計	61.2% (30)	16.3% (8)	22.4% (11)	0	100.0% (49)

(1) 中国語の場面①と場面②aにおける被勧誘者のあいづちの使用について

ここでは、中国語の被勧誘者が勧誘内容に興味がある場面①と興味がない場面②aにおける被勧誘者のあいづちの使用について分析し、興味の有無によるあいづちの使用にどんな特徴が見られるかを考察する。

1)　「理解」を表すあいづちの使用について

　中国語の被勧誘者のあいづちの使用回数は少なかったが、「理解」を表すあいづちの使用は、場面①では15で51.7％、場面②aは9で81.8％、両方とも「理解」を表すあいづちの使用率が一番多かった。

「理解」を表すあいづちの例
例4-4-12（場面①・中・5）

```
＜導入部＞
……（前略）
03A ：对呀，我最近也是。然后上次我听那个c说，　　　　　【情報提供】
　　　（そう、私も最近そうなの。この前cから聞いたんだけど、）
04B ：嗯。　　　　　　　　　　　　　　　　　　【あいづち：理解】
　　　（うん。）
05A ：他吃过一家非常好吃的自助餐，　　　　　　　　　　　【情報提供】
　　　（彼はすごくおいしいバイキングの店に行ったことがあるらしい。）
06B ：是 -
　　　（そこは -）

＜勧誘部＞
07A ：我们要不要一块去呀？　　　　　　　　　　　　　　　【勧誘】
　　　（私たち一緒に行かない？）
08B ：好的呀，什么自助餐？　　　　　　　　　　【承諾】【情報要求】
　　　（いいよ。どんなバイキング？）
09A ：好像什么肉都有的。　　　　　　　　　　　　　　　　【情報提供】
　　　（どんなお肉でもあるらしい。）
10B ：肉，好［的呀，吃肉。　　　　　　　　　　　　　　【受け入れ】
　　　（お肉、いいね、肉を食べよう。）
11A ：　　　　［什么蔬菜都有的。　　　　　　　　　　　　【情報提供】
　　　　　　　（どんな野菜でもある。）
12B ：啊，那在哪里呀，多少钱啊？　　　　　【あいづち：理解】【情報要求】
　　　（あ、どこにあるの？いくら？）
……（後略）
```

例 4-4-13 （場面②a・中・8）

```
＜導入部＞
……（前略）
11A：那我听说最近开了个自助烤肉饭店，            【情報提供】
    （私ね、新しい焼肉屋さんができたって聞いた。）
12B：嗯。                                          【あいづち：理解】
    （うん。）
＜勧誘部＞
13A：特别好，想跟你一起去。                 【情報提供】【勧誘】
    （すごくよくて、あなたと一緒に行きたい。）
……（後略）
```

2) 「感情の表出」を表すあいづちの使用について

被勧誘者の「感情の表出」を表すあいづちの使用は、中国語の被勧誘者が勧誘内容に興味がある場面①では7で24.1％、場面②aでは1で9.1％、二つの場面に大きな差が見られた。「感情の表出」は興味を示す大きな特徴である。

中国語では、「感情の表出」を表すあいづちには、「是吗（そうなの）」、「真的啊（ほんと）」が一番多く使われている。

例 4-4-14 （場面①・中・2）

```
＜勧誘部＞
……（前略）
05A：我知道一家很好吃的烤肉店，                   【情報提供】
    （私おいしい焼肉屋さん知ってる、）
06B：真(h)[的(h)啊(h)？                  【あいづち：感情の表出】
    （本(h)当(h)？）
07A：   [要不要去？                              【勧誘】
    （行かない？）
08B：好(h)，                                      【承諾】
    （い(h)い(h)よ(h)、）
    好(h)久(h)没(h)吃(h)烤(h)肉(h)了(h)【プラス情報提供】
```

```
                (焼(h)肉(h)食(h)べ(h)る(h)の(h)久(h)し(h)ぶ(h)り(h)だ(h)。)
    09A：［ang。                                              【あいづち：理解】
        （うん。）
    10B：［去啊。                                              【承諾】
        （行くよ。）
    ……（後略）
```

　また、中国語の場面②aでも「感情の表出」の使用が一回だけ見られた。例4-4-15では、被勧誘者が10Bで「焼肉が高すぎる」と言い、焼肉にあまり行きたくないことを勧誘者に伝えようとしている。それを聞いた勧誘者が「そんなに高くないよ」と新たな情報を提供し、それに対して被勧誘者は「是吗（そうなの）」と驚きを表すあいづちを打ち、「60还行（60元ならまあいいね）」と【評価】をしているが、その後、「那感觉那有的东西不太干净，吃完之后我还拉过肚子呢。（でもあまり衛生的じゃないものもある気がする。食べた後、私下痢になったことも覚えてるよ。）」とさらにマイナスな意見を提示し、自分のあまり行きたくない気持ちをもう一回勧誘者に伝えようとしている。相手のフェイスを侵害しないよう、「感情の表出」を表す【あいづち】を打つことで、いったん興味を示し、その後で本音を出している。

例4-4-15（場面②a・中・2）

```
    ＜勧誘部＞
    ……（前略）
    10B：自助太、太贵了呀。咱也不挣啥钱。【マイナス意見提示】（【拒否】）
        （食べ放題高すぎるよ。私たちお金も稼いでいないし。）
    11A：哎，我那会听我那个同学说的一个新开的店，那儿一个人60块钱，
        不是特别的贵。                                        【情報提供】
        （私は前に友達から新しい焼肉屋さんができたって聞いた。そこは一人60元で、そん
        なに高くない。）
```

```
12B：是吗。                           【あいづち：感情の表出】
    （そうなの。）
13A：嗯。                             【あいづち：同意】
    （うん。）
14B：啊，60还行。                     【あいづち：理解】【評価】
    （あ、60ならまあいいね。）
    那感觉那有的东西不太干净，         【意見提示】
    （でもあまり衛生的じゃないものもある気がする。）
    吃完之后我还拉过肚子呢，我记得。   【理由説明】
    （食べた後、私下痢になったことも覚えてるよ。）
……（後略）
```

3）「同意」を表すあいづちの使用について

「同意」を表すあいづちの使用率については、場面①では7で24.1％、場面②aでは1で9.1％と、二つの場面に大きな差がある。

例4-4-16（場面①・中・7）

```
＜勧誘部＞
……（前略）
19A：ang（咋舌）肉好像有牛肉，羊肉，猪肉，能不，一、一般的都有。
                                      【情報提供】
    （ang、（舌打ち）お肉は牛肉、羊肉、豚肉、普通あるものは何でもあるよ。）
    反正还有海鲜，比如那个虾和、和贝类。 【情報提供】
    （海鮮もある。例えばエビ、と、貝類。）
20B：哦，［行。我看挺好。
         【あいづち：理解】【受け入れ】【プラス意見提示】
    （あ、オッケー。私いいと思う。）
21A：    ［嗯，↓还有很多蔬菜，嗯，都不错。
                                      【あいづち：同意】【情報提供】
    （うん、あと野菜もたくさんあるし、うん、なかなかいいよ。）
22B：可以。                           【受け入れ】
    （いいよ。）
```

```
23A：应该挺好的。                              【意見提示】
    （すごくいいはず。）
24B：嗯。                                      【あいづち：同意】
    （うん。）
……（後略）
```

例4-4-17（場面②a・中・3）

```
＜勧誘部＞
……（前略）
06B：啊,                                       【あいづち：理解】
    （あ。）
    我以前去都是90块钱以上的。服务态度不太好,
                                              【マイナス情報提供】
    （私以前行ったところは全部90元以上で、接客態度があまりよくなかった。）
    质量也不是特别好。对烤肉店都没啥信心了。  【マイナス情報提供】
    （質もあまりよくなかった。焼肉屋にはもう期待しないの。）
07A：就是这个便宜，然后他们都说服务态度也挺好的，也挺干净的。
                                              【情報提供】
    （これが安いの。彼らが接客態度がよくて衛生的だって言っている。）
    而且你不是最喜欢吃金针菇吗，[ 也有。        【情報提供】
    （しかもあなたはエノキ大好きでしょ、あるよ。）
08B：                   [ 嗯。                 【あいづち：同意】
                    （うん。）
09A：饮料水果也都挺全的。                      【情報提供】
    （飲み物や果物も揃えている。）
……（後略）
```

（2）中国語の場面②bにおける被勧誘者のあいづちの使用について

　場面②bにおいては、被勧誘者の「理解」と「同意」を表すあいづちの使用だけが見られた。「理解」を表すあいづちは6で66.7%、「同意」を表すあいづちは3で33.3%、興味を示す大きな特徴である「感情の表出」を表すあいづちの使用が見られ

なかった。

「感情の表出」を表すあいづちの使用が見られなったのは、中国語の場面②では、被勧誘者が勧誘内容に興味を持ち始めてから、勧誘者がそれ以上勧誘内容について【情報提供】せず【再勧誘】し、被勧誘者はすぐ【承諾】して、そのままで会話が終えている会話が多かったのが一つの原因だと考えられる。

以上、中国語の勧誘会話の＜導入部＞と＜勧誘部＞における被勧誘者のあいづちの使用について見てきた。中国語の被勧誘者のあいづちは使用数が少ないが、その特徴は以下のようにまとめられる。

（1）「理解」を表すあいづちは被勧誘者が勧誘内容に興味があるかどうかに関わらず、高い使用率で使用されている。

（2）「感情の表出」を表すあいづちは興味がない場面②aより、興味がある場面①で使用率が高く、興味を示すことができる。

（3）「同意」を表すあいづちは被勧誘者が勧誘内容に興味がある場合に使用率が高く、中国語では「同意」のあいづちを使用することで、勧誘内容に興味があることが示される。

4.4.3　日中の被勧誘者のあいづちの使用の相違点及びその原因について

4.4.1と4.4.2では日本語と中国語の勧誘会話における被勧誘者のあいづちの使用について分析してきた。ここで、日中の被勧誘者のあいづちの使用状況をもう一度見てみよう。

♦ 4 分析結果と考察 ♦

表4-4-3 日中の勧誘会話における被勧誘者のあいづちの使用状況

場面 \ 機能		理解	感情の表出	同意	不同意	あいづち合計
日本語	場面①	67.0% (61)	27.5% (25)	5.5% (5)	0	100.0% (91)
	場面②a	79.3% (65)	11.0% (9)	3.7% (3)	6.1% (5)	100.0% (82)
	場面②b	41.5% (17)	46.3% (19)	12.2% (5)	0	100.0% (41)
	総計	66.8% (143)	24.8% (53)	6.1% (13)	2.3% (5)	100.0% (214)
中国語	場面①	51.7% (15)	24.1% (7)	24.1% (7)	0	100.0% (29)
	場面②a	81.8% (9)	9.1% (1)	9.1% (1)	0	100.0% (11)
	場面②b	66.7% (6)	0	33.3% (3)	0	100.0% (9)
	総計	61.2% (30)	16.3% (8)	22.4% (11)	0	100.0% (49)

三つの場面における被勧誘者のあいづちの使用については、日中に以下のような相違点が見られた。

(1) 日中の被勧誘者のあいづちの使用数の違い及びその原因についての言及

　各会話の長さが違うため、日中のあいづちの使用回数を単純に比較することはできないが、中国語の被勧誘者のあいづちの使用総数は、日本語の214に比べ、中国語が49で遥かに少ない。これは劉（2012）などの先行研究と同様に、中国語のあいづちの使用頻度が日本語より少ないことが改めて検証できた。日中のあいづちの使用回数に大きな差が見られたのは、日中の会話スタイルや、あいづちに対する意識などと関係している。

　中国語の方は、発話者がいくつの情報を連続して発することが多いが、それに対して、日本語の方は、発話者が相手の反応を見ながら、発話しているため、一回のターンにおいての情報量も少ない。日中の会話の特徴は次のようにまとめられる。

　ここでいう「情報」は【情報提供】や【情報要求】や【意見提示】等すべての実質発話を含む。中国語では、一回のターンでまとめて情報が伝えられるのに対して、日本語では、一つの情報ごとにあいづちが打たれる。また、「勧誘者A－被勧誘者B」という発話連鎖で示しているが、被勧誘者Bが先に発話して、それに対して勧誘者Aが応答している、「被勧誘者B－勧誘者A」という発話連鎖ももちろんある。

中国語		日本語	
A:	情報1＋情報2＋情報3…	01A:	情報1
		02B:	あいづち
		03A:	情報2
B:	あいづち＋情報	04B:	あいづち
		05A:	情報3
		06B:	あいづち

これまで、被勧誘者のあいづちの使用の例を挙げてきたが、勧誘者が打つあいづちについても同様である。被勧誘者が勧誘内容に興味がない場面②aにおいて被勧誘者が自分の経験について語っている部分を日中の会話を一つずつ例として挙げる。
　日本語では、自分が焼肉に行きたくない理由として、被勧誘者が自分のあまり愉快ではなかった経験について語っている間に勧誘者による複数の「うん」の使用が見られたが、中国語では被勧誘者Bの発話に対して、勧誘者Aが実質発話を用いて応答しており、あいづちの使用は見られなかった。

例 4-4-18（場面②a・日・1）

＜導入部＞	
……（前略）	
15B：私3000円ぐらいで、	【マイナス情報提供】
16A：うんうんうん。	【あいづち：理解】
17B：行ったことあるけど、	【マイナス情報提供】
18A：うん。	【あいづち：理解】
19B：でも、あんまりなんか味もすごいいいわけじゃなくて、	【マイナス情報提供】
20A：うんうんうん。	【あいづち：理解】
21B：お店の人の態度とかもそんなによくない感じがして、	【マイナス情報提供】
22A：あ、そうなんや。	【あいづち：理解】
……（後略）	

　松田（1988）、定延（2002）では、複数の「うん」が重ねて使われる場合には、興味がない、あるいは面白くないという否定的な感情を示したり、相手の発話を早くやめさせたいことを伝えることができると指摘しているが、この例では、複数の「うん」を重ねて使うことで、自分が相手の発話に興味や関心を持っていることを示し、相手に発話を続けてほしいと伝えてい

ると考えられる。

　勧誘者が被勧誘者の経験を聞きながら、あいづちを打っている「うんうんうん」→「うん」→「うんうんうん」→「あ、そうなんや」というあいづちの構造からみると、単独の「うん」と複数の「うん」の使用が混じっていることが分かる。つまり、この二つの例で使用されている複数の「うん」は定延が指摘したように、相手の発話に興味を持っていないということを示すのではなく、「理解している」ことを伝えたり、「あなたの発話に興味を持っているよ」ということを示したりし、相手の発話を展開させているのである。最後に、「あ、そうなん」「あ、そうなんや」と言うことで、「あなたの言いたいことが分かったよ、ちゃんと理解したよ」という気持ちを相手に伝えている。

　勧誘者Aは被勧誘者Bが行きたくないことを知りながら、Bの【理由説明】に対して頻繁に複数の「うん」というあいづちを打ち、Aは「聞いているよ、あなたの気持ちが分かる」という自分の気持ちを積極的にBに伝えている。

　それに対し、中国語のデータでは、例4-4-19のように、被勧誘者Bが自分のあまりよくない経験について話している時に、勧誘者Aは日本語の勧誘者のように頻繁にあいづちを打って興味を示すのではなく、自分が聞いた店は絶対にいいとBを説得しようとしている。

例4-4-19（場面②a・中・9）

```
　　＜勧誘部＞
　　……（前略）
　08B：哎呀，别说烤肉了。                          【命令】
　　　　（いや、焼肉の話しないで。）
　　　　我去过好几次自助烤肉了。哎呀，好差劲啦。    【理由説明】
　　　　（私何度も焼肉に行ったことあるけど、もう、最悪だよ。）
```

◆ 4 分析結果と考察 ◆

> 09A：我跟你说那地方我听说了。那特别好,那个种类特别多,而且特别干净,味道也好。　　　　　　　　　　　　　　　　　　【情報提供】
> 　　（聞いて、あそこは私聞いたことあるんだけど、あそこはとってもよくて、えっと、種類がとても多くて、しかもとてもきれいで、味もいい。）
>
> 10B：那服务态度，上次我去的，哎呀。
> 　　　　　　　　　　　　　　　　【情報要求】【マイナス情報提供】
> 　　（接客態度は、この前私が行ったのは、もう）
>
> 11A：要是服务态度不好，我能带你去吗！　　　　　　　【意見提示】
> 　　（接客態度がよくなかったら、私があなたを連れて行くわけがないでしょ）
>
> ……（後略）

また、例4-4-20で示すように、中国語の会話にも、日本語と同様、一つの【情報提供】に対して、相手が「嗯」などの【あいづち】で応答している会話例も見られたが、極めて少なかった。

例4-4-20（場面②ａ・中・8）

> ＜導入部＞
> ……（前略）
>
> 11A：我听说最近开了个自助烤肉饭店，　　　　　　　【情報提供】
> 　　（私最近焼き肉食べ放題のお店ができたって聞いた。）
>
> 12B：嗯。　　　　　　　　　　　　　　　　　【あいづち：理解】
> 　　（うん。）
>
> ＜勧誘部＞
>
> 13A：特别好，想跟你一起去。　　　　　　　【情報提供】【勧誘】
> 　　（とってもいいらしくて、あなたと一緒に行きたい。）
>
> ……（後略）

このような現象が見られるのは、日本語の人間関係を重視する「共話」と中国語の情報の獲得を重視する「対話」と大きく関係していると言える。

・177・

発話連鎖としては、日本語の方はA【情報提供1】[1]―B【あいづち】という発話連鎖の繰り返しが特徴であるが、中国語の方は、A【情報提供n】[2]―B【あいづち】＋【意見提示】などの実質発話が続く発話連鎖が特徴である。

(2) 日中のあいづちの機能に見られる相違点及びその原因について

あいづちの「理解」、「感情の表出」、「同意」、「不同意」の4つの機能の使用については、「理解」はあいづちの基本的な機能として、日本語では使用された全てのあいづちの66.8%（143）、中国語では61.2%（30）と、日本語の方が遥かに使用数が多い。しかし、「理解」を表すあいづちは日中両方とも高い使用率を占めている。また、「感情の表出」と「同意」、「不同意」を表すあいづちの使用には日中に大きな違いが見られた。

1) 日中の「感情の表出」を表すあいづちの使用について

中国語の被勧誘者が勧誘内容に興味がある場面①では、日本語と同じく、被勧誘者の「感情の表出」を表すあいづちの使用がよく見られた。また、中国語の場面②aでも「感情の表出」を表すあいづちの使用が一回見られた。

しかし、日本語では、「感情の表出」を表すあいづちは興味を示すという機能だけでなく、【勧誘】に対する応答として使われ、あまり興味がないことを示す（例4-4-5）こともできるが、中国語のデータでは見られなかった。日本語と同じように、「感

---

1 情報提供1とは、「安くて」、「しかも90分食べ放題」のような一個の情報提供のことである。
2 情報提供nとは、n個の情報提供が連続して出現することである。例えば、「あそこは、値段が安いし、接客態度もいいし、近いよね。」のようないくつの情報が連続して出てくる。ここのnは≧1である。

情の表出」を表すあいづちを使い、驚きなどを示しても、あいづちだけでなく、その後に勧誘に消極的な態度を示す実質発話を発して、相手との人間関係を配慮すると同時に、自分の興味がないことを示している。

2）日中の「同意」を表すあいづちの使用について

中国語の一つの特徴としては、日本語と違い、中国語の方は「同意」を表すあいづちが比較的に高い使用率を占めていることである。劉（2012）で指摘しているように、「中国語を母語とする日本語学習者が日本人と会話する際に、日本人の「聞いているという信号」、「理解しているという信号」の機能を果たす「うん」を自分の発話に「同意している」と誤解してしまう可能性があり、また逆に日本語話者から見れば、学習者たちは協力的でなく、行きたくなさそうに見える」。

3）日中の「不同意」を表すあいづちの使用について

中国語の被勧誘者が勧誘内容に興味がない場面②ａでは、「不同意」を表すあいづちの使用が見られなかった。中国語では、「不同意」を表すあいづちより、実質発話で自分の意志を表すことを選択している。日本語では、「不同意」を表すあいづちが会話の中で自分のあんまり行くたくない気持ちを表すのに大きな役割を果たしている。

例 4-4-21（場面②ａ・中・4）

```
＜導入部＋勧誘部＞
01A：那个〇啊，听说有个新开的烤肉店，　　　【呼びかけ】【情報提供】
　　　（あの〇ちゃんさ、新しい焼肉屋さんができたって聞いたんだけど、）
　　　我们一起去吧。　　　　　　　　　　　　　　　　　　　【勧誘】
　　　（私たち一緒に行こうよ。）
```

> 02B：嗯嗯（ňgňg），我以前去的都90块钱一位，　　【拒否】【理由説明】
> 　　（ううん、私以前行ったとこは一人90元で、）
> 而且服務態度也不好，吃的感覚味道也一般，不想去啦。【理由説明】【拒否】
> 　　（接客態度も良くなかったし、味も普通だったし、もう行きたくないな）

　この中国語例においては、嗯「ň」を連続させた嗯嗯「ňgňg」という形での使用が見られる。ここで使用される「嗯嗯」は、不同意、反対、拒否感を表す子供っぽい言い方で、【あいづち】ではなく、実質発話である。例えば、A：嗯嗯，我不去。妈妈去我才去。（ううん、私行かない。ママが行かないと私も行かない。）

　ここでは、被勧誘者が「不想去啦」で勧誘を拒否しているが、その前に「嗯嗯」を使って、子供っぽさを表し、ことばを和らげたり、理由を入れることで、自分が行きたくないことを相手に理解してもらうように工夫をしている。

　一方、日本語の方は、例4-4-22のように、勧誘者からの勧誘発話に対して打たれるあいづち「う：ん」は、賛成できないこと、即ちあんまり行きたくないことを表し、【勧誘】に対する【保留】にもなっている。

例4-4-22（場面②・日・1）

> ＜勧誘部＞
> ……（前略）
> 29A：でなんか行ってみたいなあと思って、うん、どうかなと思ったんだけど、　　　　　　　　　　　　　　　　　　　　　【勧誘】
> 30B：う：ん。　　　　　　　【あいづち：不同意】【勧誘に対する保留】
> 31A：90分で2000円だよ。安くない？　　　　　　　　　　【意見要求】
> 32B：安いね。　　　　　　　　　　　　　　　　　　　　【意見提示】
> 33A：うんうん。　　　　　　　　　　　　　　　　　　　【同意】
>
> 34B：たしかに。　　　　　　　　　　　　　　　　　　　【同意】
> ……（後略）

◆ 4　分析結果と考察 ◆

　日本語では、あいづちによって興味があるかないかを伝え、相手はそれを推し量るが、中国語ではあいづちよりも、実質発話によって自分の意向を相手にはっきりと伝えると言える。
　以上、日中の被勧誘者のあいづちの使用について見てきたが、日中の勧誘会話の被勧誘者のあいづちの使用についての相違点は以下のようにまとめられる。
　（1）日中の会話のスタイルや、発話連鎖の特徴により、中国語より日本語の方が被勧誘者のあいづちの使用数が遥かに多い。
　（2）「理解」を表すあいづちの使用が日中両方とも興味の有無に関わらず、使用率が高い。「理解」を表すあいづちは、日中ともにあいづちの基本的な機能と考えられる。
　（3）「感情の表出」を表すあいづちは、日中両方とも興味があることを示す一つの重要な手段であるが、日本語の方は表現形式が豊富で、相手に配慮しながら興味がないことを示すこともできる。
　（4）「同意」を表すあいづちは、日本語の方は勧誘内容への興味の有無により大きな差が見られなかったが、中国語では、興味がある場合に使用率が高く、「同意」のあいづちを使用することで、興味があることを示すことができる。
　（5）「不同意」を表すあいづちは日本語では見られたが、中国語には見られなかった。中国語では、あいづちより実質発話を使用して意見を表明することが多いことが原因として考えられる。
　日中の勧誘会話の構造や各構造に現れる発話には違いがあり、あいづちの使用もそれぞれの特徴を持っている。中国語を母語とする日本語学習者が中国語をそのまま日本語に訳したような会話を行えば、【あいづち】を打つ場所がなくなる。従って、中国語母語話者の日本語学習者があいづちを習得する際に、あ

いづちの表現形式や機能などを単独で学ぶだけでは不十分であり、具体的な会話の談話構造や中日のあいづちに対する意識、日中の配慮の仕方などを理解する必要がある。

4.5 勧誘会話における日中の勧誘者と被勧誘者の配慮の仕方について

　日中の勧誘会話の展開、勧誘の仕方、勧誘に対する対応などが異なることは4.1、4.2、4.3、4.4で既に述べたが、このような相違点が見られるのは、日中の配慮の仕方とも関わっているのではないかと考える。ここでは、被勧誘者が勧誘内容に興味がある場面①と興味がない場面②における日中の勧誘者と被勧誘者の言語行動について分析し、日中の配慮の仕方について考察する。

4.5.1　日本語の勧誘会話における勧誘者と被勧誘者の配慮の仕方について

4.5.1.1　日本語の勧誘者の配慮の仕方について
(1) 談話展開の全体的傾向から見る勧誘者の配慮の仕方

　日本語では、被勧誘者が勧誘内容に興味があるかどうかに関わらず、勧誘者が相手の都合や好みなどについて先行発話と呼ばれる【情報要求】をし、その後被勧誘者に【情報提供】を行い、被勧誘者の【あいづち】や、【評価】などによる反応を見ながら勧誘を行うことが特徴的である（例4-5-1）。

　勧誘者は被勧誘者の好みや都合を問ったり、【あいづち】などの反応を見ながら勧誘を行うことで被勧誘者に負担をかけないよう、配慮をしていると考えられる。

例 4-5-1（場面①・日・10）

```
＜導入部＞
01A：○ちゃん、［あのうさあ、                【呼びかけ】
02B：          ［うん。                    【応答】
03A：［今週の金曜の夜ってなんか予定ある？      【情報要求】
04B：［うん。                              【あいづち：理解】
05 ：金曜の夜空いてるよ。                   【情報提供】
06A：あ、ほんまに？                        【確認要求】
07B：うん。                               【確認】
08A：［あの焼肉の、                        【情報提供】
09B：［どうした？うん。                    【情報要求】
10A：食べ放題の［お店見つけたんやけど、       【情報提供】
11B：        ［うん：：：：：：：：ん。     【あいづち：理解】
＜勧誘部＞
12A：なんか誰か一緒に行ける人おらんか［なあと思って。  【勧誘】
13B：                          ［あ、ほんまに。
                                       【あいづち：感情の表出】
14B：私最近焼肉めっちゃ好きだから、行き［たいと思ってたんよ。
                                       【情報提供】
15A：                        ［あっ、
                                       【あいづち：感情の表出】
16 ：やった、じゃ一緒に行こう？              【再勧誘】
17B：え、行こう行こう。                    【承諾】
……（後略）
```

　この例では、勧誘者が03Aで被勧誘者の都合に関する【情報要求】という先行発話をしてから、08A、10Aでお店に関する【情報提供】をしている。勧誘者からの【情報提供】に対して、被勧誘者が11Bで「うん：：：：：：：：ん」と理解を表す【あいづち】を繰り返している。「うん：：：：：：：：ん」という【あいづち】を聞いた勧誘者は12Aで「なんか誰か一緒に行ける人おらんかなあと思って。」と自分の意志を述べる【意

志提示】で、婉曲的に被勧誘者を誘って反応を見ている。

　それを聞いた被勧誘者は14Bで「私最近焼肉めっちゃ好きだから、行きたいと思ってたんよ。」と【プラス情報提供】をしている。勧誘者は14Bの勧誘に積極的な態度を示す情報を聞いて、16Aで「やった、じゃ一緒に行こう？」と明確に相手を誘っている。例4-5-1は勧誘者が【情報要求】で相手の好みや都合を聞き、相手の反応を見ながら「自分の意志を述べる型」の言語形式による婉曲的な【勧誘】からさらに明示的な【再勧誘】へと移っていく様子がよく分かる例である。

　日本語の場面②においても、場面①と同じように、勧誘者が会話の中で被勧誘者の反応を見ながら被勧誘者に負担をかけないように勧誘を行っている。例4-5-2のように、勧誘者は01Aで被勧誘者の都合について【情報要求】をし、被勧誘者の04Bの【情報提供】を得てから、07Aから勧誘内容に関する【情報提供】をし始めている。ただし、勧誘者が【情報提供】をしている間に現れた被勧誘者からの【あいづち】は、「理解」を表す【あいづち】ばかりで、「感情の表出」を表す【あいづち】は見られない。被勧誘者からの積極的なフィードバックが得られなかった勧誘者は、17Aで「90分で2000円ってめっちゃ安いよね。」と【意見提示】した後、すぐ「えっ、ふつう？」という【意見要求】をする形に変え、被勧誘者が自分の意見に反対しやすい環境を作っている。その後も、勧誘者は勧誘内容に関する情報を提供し続け、被勧誘者の34Bの「あ、そうなん。」という「驚き」を示す【あいづち】と36Bの「しかも安いな」という【プラス評価】を聞いて、被勧誘者の勧誘に積極的な態度を感じてから、37Aで「そう、なんかどうかなあと思って」と婉曲的に【勧誘】の発話をしている。39Aでは「めっちゃいいって言ってた。」と他の人がいいと言っているという【情報提供】をするだけで、自分の意見を強調せず、相手が自分の意見を言いやすいように、

相手に対する配慮も示している。

例 4-5-2（場面②・日・8）

```
＜導入部＞
01A：えっ、あのさ、金曜日のよる暇？            【情報要求】
02B：金曜、の夜？                              【確認要求】
03A：うん。                                    【確認】
04B：うん、暇暇［暇。                           【情報提供】
05A：         ［ほんまに？                      【確認要求】
06B：うんうん。                                【確認】
07A：なんか○○ちゃんのお兄さんに、             【情報提供】
08B：うん。                                    【あいづち：理解】
09A：焼肉屋さん教えてもらって、                【情報提供】
10B：うん。                                    【あいづち：理解】
11A：なんかいいらしいけど。                    【情報提供】
12B：焼肉？                                    【確認要求】
13A：うん。                                    【確認】
……（中略）
17A：90分で2000円ってめっちゃ安いよね。＝      【意見提示】
18 ：＝［えっ、ふつう？                         【意見要求】
19B：  ［安いなあ。                             【同意】
20A：［まあ、安くて、                           【情報提供】
21B：［90分で2000円。                           【理解】
22A：で、食べ放題で、                           【情報提供】
23B：うん。                                    【あいづち：理解】
……（中略）
33A：でも、なんかけっこうお店の感じとかよくて、店員さんもいいら
     しいで。                                  【情報提供】
34B：あ、そうなん。                            【あいづち：感情の表出】
35A：うん。                                    【あいづち：同意】
36B：しかも安いな。                            【評価】
```

· 185 ·

> <勧誘部>
> 37A：そう、なん [かどうかなあと思って、　　　　　　【勧誘】
> 38B：　　　　　　 [へぇ：：：　　　　　【あいづち：感情の表出】
> 39A：めっちゃいいって言ってた。　　　　　　　　　【情報提供】
> 40B：ほんま？　　　　　　　　　　　　　　　　　【確認要求】
> 41A：うん。　　　　　　　　　　　　　　　　　　　【確認】
> 42B：ヤンちゃんは言うやったら、　　　　　　　　　【意見提示】
> 43A：hhhh 間違いない？　　　　　　　　　　　　【意見要求】
> 44B：よさそうやな、行こうかな、じゃ。　　【意見提示】【承諾】
> 45A：ほんまに？　　　　　　　　　　　　　　　　【確認要求】
> 46B：うん。　　　　　　　　　　　　　　　　　　　【確認】
> ……（後略）

　以上のように、日本語の勧誘会話では、勧誘者は被勧誘者に対して好みや都合を聞く先行発話である【情報要求】をしてから、勧誘内容に関する【情報提供】をし、被勧誘者の反応を見ながら勧誘を行っていることが分かる。勧誘者が勧誘を行う際に、被勧誘者の《私的領域[1]》に踏み込まないよう、常に相手のネガティブ・フェイスに配慮をしていると言える。

(2)　【勧誘】の発話から見る勧誘者の配慮の仕方

　日本語の勧誘会話における勧誘者の勧誘発話は、被勧誘者が勧誘内容に興味がある場面①と興味がない場面②と両方とも、「～ない？」、「～たいと思って」という表現形式が特徴的である。肯定的な形式より、「～ない？」を使用することで相手に断りやすい環境を作ったり、「行ってみたいなと思って、どうかなあって」のように自分の希望を述べることで、相手が【あいづち】

---

[1] 日本語では、鈴木（1997）で述べられているように、聞き手の欲求・願望・意志・能力・感情・感覚などの個人のアイディンティティーに深くかかわる「聞き手の私的領域」に踏み込むことが強く制限されている。

で対応できる形を使うことによって、相手に負担をかけることを回避し、相手に対する配慮が示される。

(3) 場面②の興味がないことを示す被勧誘者への勧誘者の配慮の仕方

興味がない場面②aでは、勧誘会話に被勧誘者が【マイナス意見提示】や【マイナス情報提供】をすることで、興味がないことを示すことが多く見られた。それらの発話に対しての勧誘者の対応に被勧誘者への配慮が見られる。

例4-5-3のように、14B、16Bの被勧誘者からの【マイナス意見提示】に対しては、勧誘者が17Aで「何でも安いほうがよくない？」と【異意見提示】をしている。勧誘者が「何でも安いほうがいいでしょ」という言い方ではなく、「～ない？」の言語形式を使用し、断言することを回避し、被勧誘者への配慮が見られる。

また、被勧誘者が20B、22B、24B、26Bで自分の過去のよくない経験について語り、勧誘内容にあまり興味がないことを表そうとしている。それに対して、勧誘者は、21A、23A、25A、27Aのように「うんうん」、「あ、そうなんや」などのあいづちを打ちながら、被勧誘者のよくない経験に関する【マイナス情報提供】を最後まで聞いている。勧誘者は【あいづち】を打つことで、相手の話を促したり、理解を示したりして、被勧誘者に協力的な姿を示し、相手への配慮が示される。

例 4-5-3（場面②・日・1）

```
＜導入部＞
……（前略）
14B：でも、2000円で安すぎない？          【マイナス意見提示】
15A：あ：                                【あいづち：理解】
16B：大丈夫かな。                        【マイナス意見提示】
17A：そう、何でも安いほうがよくない？    【異意見提示】
18B：安いほうがいいけど、                【同意】
19A：うん。                              【あいづち：理解】
20B：私3000円ぐらいで、                  【マイナス情報提供】
21A：うんうんうん。                      【あいづち：理解】
22B：行ったことあるけど、                【マイナス情報提供】
23A：うん。                              【あいづち：理解】
24B：でも、あんまりなんか味もすごいいいわけじゃなくて、
                                         【マイナス情報提供】
25A：うんうんうん。                      【あいづち：理解】
26B：お店の人の態度なんかもそんなによくない感じがして、
                                         【マイナス情報提供】
27A：あ、そうなんや。                    【あいづち：理解】
28B：だから［安すぎる。                  【意見提示】
29A：   ［でもなんかそこのお店すごく雰囲気よくて、【情報提供】
30B：うん。                              【あいづち：理解】
……（後略）
```

4.5.1.2　日本語の被勧誘者の配慮の仕方について

(1) 談話展開の全体的傾向から見る被勧誘者の配慮の仕方

　日本語では、被勧誘者は勧誘内容に興味がある時に、勧誘者からの勧誘内容に関する【情報提供】に対して、積極的に「感情の表出」を表す【あいづち】を打ったり、【プラス評価】をしたり、勧誘内容に関する【情報要求】をしたりすることで、自分が勧誘内容に興味があることを表している。被勧誘者は積極的に興味を示し、勧誘者がスムーズに勧誘を行うことができ

るように協力するという配慮がなされている。

例4-5-4（場面①・日・7）

```
＜導入部＞
01A：えっと、今度さ、金［曜日の夜暇？           【情報要求】
02B：           ［うん。                      【あいづち：理解】
03A：あのう、めっちゃいい店を見つけて、焼肉食べ放題の店なんだけど、
                                              【情報提供】
04B：えっ、行きたい。                          【意志提示】
05A：めっちゃよくて、［なんか雰囲気めっちゃいいらしくて、【情報提供】
06B：           ［うん。                      【あいづち：理解】
07A：［させ－
08B：［ほんとに？                              【あいづち：感情の表出】
09A：あのう、なんか接客がいいって聞いて、       【情報提供】
10B：うんうんうん。                            【あいづち：理解】
11A：焼肉の食べ放題が［しかも、なに、肉だけじゃなくて、【情報提供】
12B：           ［うん。                      【あいづち：理解】
13B：うん。                                    【あいづち：理解】
14A：めっちゃほかの飲み物とか、ケーキとか、果物とかもあって、野
    菜もあるし。                               【情報提供】
15B：うんうんうん。                            【あいづち：理解】
16A：それで、90分で2000円なんよ。              【情報提供】
17B：ほんまに？                                【あいづち：感情の表出】
18A：めっちゃよくない［飲み放題だし。          【情報提供】
19B：           ［えっ、行きたい行きたい。     【意志提示】
＜勧誘部＞
20A：えっ、今度の金曜行こうやん。              【勧誘】
21B：行こう行こう。                            【承諾】
```

　この日本語の例では、被勧誘者は01Aの自分の都合についての【情報要求】と、03Aの焼肉についての【情報提供】から、自分が誘われることが推測していると思われる。04Bで「行きたい」と【意志提示】をし、積極的に興味を示している。その

後、勧誘者の【情報提供】が続くが、それに対して、被勧誘者は積極的に「うんうんうん」や「ほんとうに」などの【あいづち】を打ち、興味を示したりして、勧誘者からの【情報提供】を最後まで聞いている。被勧誘者は、自分が誘われることを知っているにも関わらず、勧誘者の発話に【あいづち】を打ったり、勧誘者からの【情報提供】を最後まで聞いたりすることで、被勧誘者は勧誘者のネガティブ・フェイスに配慮をしていることが分かる。ネガティブ・フェイスとは、すべての「能力成人構成員」（competent adult member）が持っている、自分の行動を他者から邪魔されたくないという要求（ブラウン・レヴィンソン2011：p.80）である。また、ポジティブ・フェイスとは、すべての構成員が持っている、自分の欲求が少なくとも何人かの他者にとって好ましいものであってほしいという欲求（ブラウン・レヴィンソン2011：p.80）である。

　被勧誘者が勧誘内容に興味がない場合にも、被勧誘者は頻繁に「理解」の【あいづち】を打つ。被勧誘者は勧誘内容に興味がなくても、勧誘者が勧誘内容に関する【情報提供】をしている間に、積極的に【あいづち】を打ち、勧誘者が話を進めやすいように協力している。日本語では、会話をする際、「自分を相手に同調させ、相手の気持ちになることが大切である」（鈴木1985：pp.65）。そのような特徴が見られたのは、日本語の「共話[1]」という特質と深く関わっているだろうが、誘ってくれる勧誘者のフェイスを侵害しないように配慮を示していると考えられる。水谷（1993）は、日本語の共話について「共通の理解を前提とし、いちいち相手の聞く意思を確かめながら話すという

---

[1] 共話は、共通の理解を前提とし、いちいち相手の聞く意思を確かめながら話すという特徴があり、一つの発話を必ずしも一人の話し手が完結させるのでなく、話し手と聞き手の二人で作っていくという話し方である。（水谷1993）

4 分析結果と考察

特徴があり、一つの発話を必ずしも一人の話し手が完結させるのでなく、話し手と聞き手の二人で作っていくという話し方である。」と定義付けている。

例4-5-5のように、被勧誘者の26Bの「明日でもいい？返事。」という発話から、被勧誘者がすぐ承諾する程の興味を持っていないことが分かるが、被勧誘者は勧誘者の勧誘内容に関する【情報提供】をしている間に、「うん」「うんうん」「そうなん」など頻繁に【あいづち】を打ち、「聞いているよ、続けてください」というサインを勧誘者に伝え、勧誘者に協力的な態度を示し、誘ってくれる勧誘者のフェイスを侵害しないように配慮をしていることが分かる。

例4-5-5（場面②a・日・7）

```
＜勧誘部＞
……（前略）
13A：なんか魚貝類と、                 【情報提供】
14B：うんうんうん。                   【あいづち：理解】
15A：えっ、なんかめっちゃいいらしくて、 【情報提供】
16B：うんうん。                       【あいづち：理解】
17A：お店きれいで、                   【情報提供】
18B：うん。                           【あいづち：理解】
19A：そう。                           【あいづち：同意】
20B：あ、そうなん。                   【あいづち：理解】
21A：そう、行きたい。    【あいづち：同意】【意志提示】
22B：へぇ、えっ、他は誰が行くの？【あいづち：感情の表出】【情報要求】
23A：えっ、まだ分からん。             【情報提供】
24B：あ：[そうか。                    【あいづち：理解】
25A：   [うん。                       【あいづち：同意】
26B：うんうん、えっ、明日とかでもいい？返事。
                        【あいづち：理解】【意見要求】
```

> 27A：うん、いいよ。　　　　　　　　　　　　　　　　【同意】
> 28B：あ、じゃ、明日までにメールするわ。　　　【勧誘に対する保留】
> ……（後略）

(2) 場面②の興味がないことを示す発話から見る被勧誘者の配慮の仕方

　4.3.1でも述べたが、被勧誘者が勧誘内容に興味がない場面②aでは、被勧誘者が【マイナス意見提示】や、【マイナス情報提供】などの実質発話を使用することで興味がないことを示すが、その実質発話に被勧誘者の配慮の仕方が伺える。

　まず、被勧誘者の配慮として「あまり」「かな」「けど」「まあ」などの言語形式の使用が一つの特徴である。相手の意見に対して、「まあ、それもそうやけど。」のように同意するが、「やはり行きたくない」という気持ちも暗示的に示していることも見られた。中国語のように明示的に発話するのではなく、相手に察してもらうようにすることで、相手のネガティブ・フェイスに配慮していることが分かる。また、相手の勧誘発話に対する応答にも同じような配慮の傾向が見られた。勧誘者の勧誘発話に対して、被勧誘者が【拒否】する会話では、被勧誘者が「あんまり」や「かな」、「ちょっと」のような言語形式を使用することで、「や：、あんまり行きたくないかな。」のように、勧誘者に配慮しながら【拒否】している。

　また、【勧誘】の発話に対して【保留】する場合は、被勧誘者が「う：ん」、「へぇ」のような【あいづち】を打ったり、「焼肉？しかも食べ放題？」のような【確認要求】をしたり、「焼肉か、う：ん、まあまあまあダイエットしてるけどなあ」のような勧誘に消極的な態度を示す【マイナス情報提供】をしたりして、【勧誘】に対して【保留】をし、勧誘者への配慮が示される。

　最後に、「2000円って安すぎない？」のような「～ない？」

の使用にも相手への配慮が見られる。4.3.1で述べたように、「2000円は安すぎる」のように自分の意見を表すには、直接に意見を述べるのではなく、「〜ない？」という疑問の形で、「あなたもそう思うでしょう」と相手に【同意見要求】の形で尋ねている。相手との関係を近づけると同時に自分の意見を表し、相手への配慮が示される。

4.5.2　中国語の勧誘会話における勧誘者と被勧誘者の配慮の仕方について

4.5.2.1　中国語の勧誘者の配慮の仕方について
（1）談話展開の全体的傾向から見る勧誘者の配慮の仕方

中国語では、被勧誘者が勧誘内容に興味がある場面①と興味がない場面②のどちらにおいても、日本語に比べ、かなり早い段階で【勧誘】が現れる。勧誘者が被勧誘者の都合や好みなどについて【情報要求】をし、簡単な【情報提供】をしてからすぐ【勧誘】を行ったり（例4-5-6）、簡単な【情報提供】して相手の反応を待たずにすぐ【勧誘】の発話をしたり（例4-5-7）、直接【勧誘】を行ったり（例4-5-8）している。勧誘者は早い段階で【勧誘】をし、単刀直入に勧誘を行うことで、被勧誘者に対する親しみも表し、被勧誘者のポジティブ・フェイスに配慮をしていると考えられる。

「【情報要求】をし、簡単な【情報提供】をしてから【勧誘】を行う会話例」

◆　「勧誘」の言語行動についての日中対照研究　◆

例 4-5-6（場面①・中・4）

<導入部>

01A：○啊，星期五有时间吗？ 　　　　　　　　　　【情報要求】
　　　（○さ、金曜日時間ある？）

02B：星期五啊？ 　　　　　　　　　　　　　　　　【確認要求】
　　　（金曜日？）

03A：嗯。 　　　　　　　　　　　　　　　　　　　【確認】
　　　（うん。）

04B：今天星期三是吧？ 　　　　　　　　　　　　　【情報要求】
　　　（今日水曜日だよね？）

05A：嗯，对。 　　　　　　　　　　　　　　　　　【情報提供】
　　　（うん、そう。）

06B：星期三，啊，星期五有时间。［什么时候？【情報提供】【情報要求】
　　　（水曜日、あっ、金曜日時間ある。いつ？）

07A：　　　　　　　　　　　　　［晚上。 　　　　【情報提供】
　　　　　　　　　　　　　　　　（夜。）

08B：晚上有，有有有。 　　　　　　　　　　　　　【情報提供】
　　　（夜時間ある、あるあるある。）

09A：啊，好。那听○○说有一个烤肉店特别好吃。　　【情報提供】
　　　（あ、よし。○○からおいしい焼肉屋さんがあるって聞いた。）

10B：啊，是吗。 　　　　　　　　　　　【あいづち：感情の表出】
　　　（あ、そう？）

<勧誘部>

11A：要不要我们一起去啊？ 　　　　　　　　　　　【勧誘】
　　　（私たち一緒に行かない？）

12B：烤肉呀，我最近超喜欢（h）吃（h）烤（h）肉，［好
　　　　　　　　　　　　　　　　　　　【情報提供】【承諾】
　　　（焼肉、私最近焼肉大好き、行く。）

　……（後略）

「【情報提供】をしてからすぐ【勧誘】を行う会話例」
例 4-5-7（場面①・中・7）

```
＜導入部＋勧誘部＞
01A：哎，○，那个，（咋舌）我听那个○○说，好象，ang，
                                    【呼びかけ】【情報提供】
    （ね、○、あの、（舌打ち）私○○から聞いたんだけど、なんか、う：ん、）
    那个（咋舌）百元店那儿好像有烤肉店，然后貌似还不错，
                                              【情報提供】
    （あの、（舌打ち）百円ショップの辺りに焼肉屋さんがあるらしいよ。
    なんかいいらしい。）
    咱周五去吃呗。                                【勧誘】
    （私たち金曜日に食べに行こうよ。）
02B：这周五啊？                                 【確認要求】
    （今週の金曜日？）
03A：啊，（h）怎（h）么（h）样（h）啊（h）？    【意見要求】
    （うん、どう？）
……（後略）
```

「【呼びかけ】をしてからすぐ【勧誘】を行う会話例」
例 4-5-8（場面②・中・1）

```
＜勧誘部＞
01A：○姐，                                     【呼びかけ】
    （○姉ちゃん、）
02B：啊。                                       【応答】
    （うん。）
03A：周六跟我去吃烧烤呗。                      【勧誘】
    （土曜日に私と焼肉を食べに行こうよ。）
04B：周六啊。啊，要去哪吃，吃什么烧烤啊？      【情報要求】
    （土曜日か、うん、どこ行く？どんな焼肉？）
……（後略）
```

また、中国語のデータでは、日本語と異なるタイプの＜導入部＞が見られた。例 4-5-9 のように、01A から 06B までの＜導

入部＞では、勧誘内容に関する内容が全くなく、勧誘者Ａと被勧誘者Ｂのスモールトークであった。その後、勧誘者が07Aで急に話題を切り替え、勧誘の話を始めている。スモールトークから勧誘会話への展開は日常生活の中国語ではよく見られる。勧誘者が被勧誘者とスモールトークをしてから、【勧誘】を行うことも勧誘者が被勧誘者に対する親しみを表すという配慮の表れであると考える。

「スモールトークを行ってから【勧誘】を行う会話例」
例 4-5-9（場面①・中・1）

＜導入部＞
01A：哎，在看书啊。　　　　　　　　　　　　　　　　【呼びかけ】
　　　（ね、本読んでるの。）
02B：嗯，　　　　　　　　　　　　　　　　　　　　　【応答】
　　　（うん、）
　　　那个昨天晚上在家里打游戏，今天导师上课的内容还没预习呢。
　　　　　　　　　　　　　　　　　　　　　　　　　　【情報提供】
　　　（あのう昨日の夜うちでゲームしてて、今日の指導教官の授業の内容まだ予
　　　習していないんだ。）
03A：我晕，你也就这点精神了。hhh　　　　　　　　　【評価】
　　　（もう、あなたはいつもそうだね。）
04B：这怎么一样，为了游戏多少东西都可以往后排。　　【意見提示】
　　　（これは違うんだ、ゲームのためならなんでも後回しにできる。）
05A：我晕hhh，行啊。你(h)这(h)句(h)话(h)但(h)愿(h)别(h)让
　　　(h)○○(h)听(h)见(h)hh　　　　　　　　　　　　【評価】
　　　（わあ、やるね。あなたのこの話が○○に聞かれないといいんだけど。）
06B：不(h)怕(h)不(h)怕(h)。　　　　　　　　　　　　【受け入れ】
　　　（気にしない、気にしない。）

◆ 4 分析結果と考察 ◆

```
＜勧誘部＞
07A：hhh 咱星期五去吃烤肉呗。                     【勧誘】
    （私たち金曜日に焼肉を食べに行こうか。）
08B：烤肉：？                                    【確認要求】
    （焼肉：？）
09A：嗯。                                        【確認】
    （うん。）
10B：你是不是知道我最近想吃烤肉？           【情報要求】（【承諾】）
    （あなたは私最近焼肉を食べたかったことを知ってた？）
11A：你(h)什(h)么(h)事(h)我(h)不(h)知(h)道(h)。    【情報提供】
    （あなたのことは私なんでも知ってる。）
……（後略）
```

　また、場面①にしか見られなかったもう一つの特徴は、中国語では勧誘者が勧誘を成功させようと積極的に働きかけることである。例 4-5-10 のように、勧誘者と被勧誘者が 01A と 02B で授業の内容について話していて、02B で被勧誘者が「入学試験」のことに言及している。それを聞いた勧誘者は 03A で「別提入学考试了。（もう入学試験の話やめて）」と試験の話題を終了させようとし、「想点啥，让我心里头比较痛快的事情吧。那个比如说吃点好吃的啥的。（私を楽しませることでも考えようよ。あのう例えばおいしいものを食べるとか。）」と「食べ物」の話題に転換しようとしている。03A で勧誘者は食べ物の話題に変えようとしているが、被勧誘者がそれに興味があるかどうかは分からないため、「有兴趣吗？（興味ある？）」と言い、被勧誘者に興味があるかどうかを聞くという配慮をしていることが分かる。

例 4-5-10（場面①・中・10）

<導入部>

01A：哎呀，妈呀，可算下课了。这节课都讲死我了。我到死也没听懂那个什么1, 1pc 是什么东西。　　　　　　　　　　　　【心情の表明】
(もう、やっと授業終わった。しんどいよ、最後まで1pcって何のことか分からなかった。)

02B：哎呀，我也是。真是受不了了，就不知道入学考试该怎么办。
　　　　　　　　　　　　　　　　　　　　　【共感】【心情の表明】
(はあ、私もうんざりだ。入学試験どうしたらいいか分からないよ。)

03A：啊，别提入学考试了。　　　　　　　　　　　　　【命令】
(あ、もう入学試験の話やめて。)

想点啥，让我心里头比较痛快的事情吧。那个比如说吃点好吃的啥的。
　　　　　　　　　　　　　　　　　　　　　　　　【提案】
(私を楽しませることでも考えようよ。あのう例えばおいしいものを食べるとか。)

有［兴趣吗？　　　　　　　　　　　　　　　　　【情報要求】
(興味ある？)

04B：　　［嗯，最近我一直想吃烤肉，都不知道，呃，都馋的不行了。
　　　　　　　　　　　　　　　　　　　　　　　　【情報提供】
(うん、最近私焼肉を食べたくてしょうがない。)

05A：烤肉啊，哎，烤肉我也有兴趣哎。　　　　　　　【情報提供】
(焼肉か、えっ、焼肉私も興味あるよ。)

06B：嗯。　　　　　　　　　　　　　　　　　【あいづち：理解】
(うん。)

<勧誘部>

07A：哎，我正好听我们学院室的人说，那个，在哪，在那个，在高田马场那有一个挺好的烤肉店。　　　　　　　　　　　【情報提供】
(えっ、私ちょうど私たちの院生室の人から、あのう、高田馬場の辺にいい焼肉屋さんがあるって聞いた。)

08B：［啊，啊，啊。　　　　　　　　　　　　【あいづち：理解】
(あああ。)

09A：［自助的那种，要不要去试试？　　　【情報提供】【勧誘】
(バイキング形式の、試しに行ってみない？)

10B：多少钱？先告诉我多少钱？ h　　　　　　　　　【情報要求】
(いくら？先に私にいくらか教えて。)

……（後略）

(2) 【勧誘】の発話から見る勧誘者の配慮の仕方

　中国語の【勧誘】の発話は、「星期五一块去吃烤肉呗。（金曜日に一緒に焼肉を食べに行こうよ。）」のような自分の意志を一方的に述べる表現形式の使用が特徴的である。相手の意向を明示的に問うことにより、自分の「本当に相手と一緒に行きたい」という誠意を表すと同時に、被勧誘者に対する親しみも表され、被勧誘者の好かれたい、認められたいなどのポジティブ・フェイスに配慮していると考える。

　また、本研究の分析資料によると、中国語の被勧誘者が勧誘内容に興味がある場面①の勧誘発話には、日本語と同じように、「听〇说有一个烤肉店特别好吃，要不要一起去啊？（〇からめっちゃおいしい焼肉屋さん聞いた、一緒に行かない？）」と相手の意見を尋ねるタイプの勧誘発話も見られた。中国語では自分の意志を一方的に述べるだけでなく、「要不要一起去啊？」のような勧誘発話も存在する。

　また、興味がない場面②に現れる勧誘者からの【再勧誘】も中国語の一つの特徴であり、中国語の勧誘者が何度も誘うことで強く相手を誘いたい気持ちを表すという配慮が見られる。4.3.2.2でも述べたが、被勧誘者が勧誘内容に興味がない場面②ａにおいては、【再勧誘】は日本語では10組の中3組だが、中国語では10組全てに勧誘者からの【再勧誘】が見られた。

　日本語では、被勧誘者に負担をかけないよう、相手に配慮をしながら勧誘を行っているが、中国語では、被勧誘者が行きたくないと言っても、被勧誘者を何度も勧誘することが大事で、「本当にあなたと一緒に行きたい」という気持ちを示し、相手と親しい関係にあることを表している。

(3) 場面②の興味がないことを示す被勧誘者への勧誘者の配慮の仕方

被勧誘者が勧誘内容に興味がない場面②ａにおいては、被勧誘者が自分の過去のよくない経験について述べることが見られた。被勧誘者がよくない経験を理由として、自分の【マイナス意見提示】をしたりしている。それに対して、例4-5-11で示すように勧誘者が9A、11Aで積極的に自分が勧める店に関する【情報提供】をし、一生懸命被勧誘者を説得しようとしている姿が見られた。日本語と違い、被勧誘者の経験（8B、10B）を聞いている間に勧誘者からのあいづちの使用がほとんど見られなかった。相手との協調を重視する日本語より、情報のやりとりを重視する「対話」の特質を持つ中国語では、勧誘者が実質発話で積極的に相手に働きかけ、「ぜひ二人で行こう」という気持ちを被勧誘者に伝えようとし、相手に親近感を与え、被勧誘者が「強く勧誘されている」と感じるように配慮をしている。

例4-5-11（場面②ａ・中・9）

```
＜勧誘部＞
……（前略）
07A：咱们去吃烤肉吧，自助烤肉。                      【勧誘】
     （私たち焼肉食べに行こうよ、焼肉食べ放題。）
08B：哎呀，别说烤肉了。                              【命令】
     （もう、焼肉の話やめて。）
     我去过好多次那自助烤肉了，哎呀，那好差劲啦。      【理由説明】
     （私焼肉食べ放題に何回も行ったんだけど、もう、最悪だよ。）
09A：我跟你说那地方我去过，那特别好，种类特别多，而且特别干净，
     味道也好。                                    【情報提供】
     （いや、私そこに行ったことある。そこはすごくよくて、あの、種類がとっても多くて、
     とってもきれいで、味もいい。）
10B：那服务态度，上次我去的，哎呀。               【マイナス情報提供】
     （サービス態度は、この前行ったところは、もう。）
```

> 11A：要是服务态度不好，我能带你去吗。　　　　　【情報提供】
> 　　　（サービス態度がよくなかったら、私はあなたを連れていくわけないよ。）
> 12B：那你说一说吧，都有什么东西，里面。　　　　【情報要求】
> 　　　（じゃ、教えて、どんなものがあるのか、その店に。）
> ……（後略）

4.5.2.2　中国語の被勧誘者の配慮の仕方について
(1) 談話展開の全体的傾向から見る被勧誘者の配慮の仕方

　中国語では、被勧誘者は自分が勧誘内容に興味がある時には勧誘者からの【勧誘】に対して、すぐ【承諾】し、その後に勧誘内容について詳しく【情報要求】することが多い。被勧誘者は勧誘者からの【勧誘】に対してすぐ【承諾】することで、勧誘内容に興味があることを示し、誘ってくれる勧誘者に対する配慮も示している。被勧誘者は【勧誘】を【承諾】してから、そのまま話題を終えらずに、勧誘者に勧誘内容についていろいろ【情報要求】をし、勧誘内容に興味を示すことで、勧誘者に対する配慮をしていることが分かる（例4-5-12）。中国語では、勧誘内容について質問することで相手の勧誘に対して自分が興味を持っていることを示すことが重要であると言える。

例4-5-12（場面①・中・2）

> ＜導入部＞
> 01A：○，你周五有时间吗？晚上。　　　【呼びかけ】【情報要求】
> 　　　（○、あなた金曜日時間ある？夜。）
> 02B：这周五啊？　　　　　　　　　　　　　　　　【確認要求】
> 　　　（今週の金曜日？）
> 03A：嗯。　　　　　　　　　　　　　　　　　　　　【確認】
> 　　　（うん。）
> 04B：有啊。　　　　　　　　　　　　　　　　　　【情報提供】
> 　　　（あるよ。）

◆　「勧誘」の言語行動についての日中対照研究　◆

<勧誘部>

05A：哦，我知道一家很好吃的烤肉店，　　　　　　【情報提供】
　　　（そう、私おいしい焼肉屋さんを知ってる、）

06B：真(h)［的(h)啊(h)？　　　　　　　　　　【あいづち：感情の表出】
　　　（ほんとうに？）

07A：　　　［要不要去？　　　　　　　　　　　　【勧誘】
　　　　　　（行かない？）

08B：好(h)，好(h)久(h)没(h)吃(h)烤(h)肉(h)了(h)。
　　　　　　　　　　　　　　　　　　　【承諾】【情報提供】
　　　（行く、焼肉食べるのは久しぶりだ。）

09A：[ang。　　　　　　　　　　　　　　　　【あいづち：理解】
　　　（うん。）

10B：[去啊。　　　　　　　　　　　　　　　　　【承諾】
　　　（行こう。）

11A：ang。它们那边有烤肉，还有各种各样的什么肉，还有水果啊什么，都有。
　　　（うん、そこは焼肉があって、他にもいろんな肉があるし、果物とかもある。）
　　　　　　　　　　　　　　　　　　　　　　　　【情報提供】

12B：[哎？　　　　　　　　　　　　　　　【あいづち：感情の表出】
　　　（えっ？）

13A：[非常划算。　　　　　　　　　　　　　　　【情報提供】
　　　（とてもお得。）

14B：是食べ放題吗？　　　　　　　　　　　　　　【情報要求】
　　　（食べ放題なの？）

15A：是的，嗯。　　　　　　　　　　　　　　　　【情報提供】
　　　（そう、うん。）

16B：好，我(h)也(h)很(h)想(h)吃(h)。　　　　　【意志提示】
　　　（オッケー、私(h)も(h)食(h)べ(h)た(h)い(h)。）

17A：嗯，它是-，啊？什么？
　　　（うん、そこは-、あ？なに？）

18B：hhh是是是，时间多长啊？　　　　　　　　　【情報要求】
　　　（時間はどれぐらい？）

19A：时间是：，90分钟，然后60块钱。　　　　　【情報提供】
　　　（時間は：、90分、それに60元。）

20B：60(h)［块(h)hhhh！　　　　　　　　　　　【評価】
　　　（60元！hhh）

```
21A：　　　［划算吧，划算吧。　　　　　　　【意見要求】
　　　　　（お得でしょ、お得でしょ。）
22B：好(h)便(h)宜(h)hh　　　　　　　　　　【プラス評価】
　　　　　（とても安いhhh）
23A：嗯(h)嗯(h)嗯，［去去去吧？　　　　　【同意】【再勧誘】
　　　　　（うん(h)うん(h)うん、行こうよ？）
24B：　　　　　去啊。［去(h)啊(h)去(h)啊(h)去(h)啊(h)【承諾】
　　　　　（行こう。行(h)こう(h)行(h)こう(h)行(h)こう(h)。）
……（後略）
```

　この中国語の例を見ると、被勧誘者は07Aの勧誘者からの【勧誘】に対して08Bですぐ【承諾】をし、「焼肉を食べるの久しぶりだ」と勧誘に積極的な【情報提供】をしている。被勧誘者がすぐ【承諾】をすることで、せっかく誘ってくれる勧誘者との人間関係の維持に配慮をしていることが考えられる。その後、被勧誘者は14B、18Bで勧誘内容について【情報要求】を行い、20B、22Bで勧誘者からの【情報提供】に対して【プラス評価】をして、自分が勧誘内容に興味を持っていることを積極的に示し、勧誘者との人間関係を一層近づけるように配慮をしていると考えられる。

　また、被勧誘者が勧誘内容に興味がない場面②においても、自ら勧誘内容に関する【情報要求】をすることがよく見られた。ただし、その出現位置は、場面①の【勧誘】を【承諾】した後でなく、被勧誘者が【勧誘】を【承諾】する前に現れている。例4-5-13のように、被勧誘者が勧誘者01Aの【勧誘】に対して02Bで【情報要求】で対応し、【勧誘】に対する【保留】にもなっている。その後、被勧誘者が04Bで【情報要求】をし続け、相手のフェイスを侵害しないように配慮をしながら、考える時間も取っている。06Bで自分のよくない経験に関する【マイナス情報提供】を理由にあまり行きたくない気持ちを伝えようと

している。

例4-5-13（場面②・中・3）

> ＜勧誘部＞
>
> 01A：周五晚上咱们一块去吃饭吧。我同学说有一家烤肉店不错。你跟我一块去吧。　　　　　　　　　　　　【勧誘】【情報提供】【勧誘】
> 　　（金曜の夜、私たち一緒にご飯を食べに行こうよ。私の友達がいい焼肉屋さんがあるって言ってた。あなたは私と一緒に行こうよ。）
>
> 02B：在哪呢？　　　　　　　　　　　　　　　　　　　　　【情報要求】
> 　　（どこにあるの？）
>
> 03A：我也不知道，我一会问问他。　　　　　　　　　　　　【情報提供】
> 　　（私もよく分からない。後で彼に聞いてみる。）
>
> 04B：啊，行。那价位是，一般是什么情况？　　　　【理解】【情報要求】
> 　　（あ、いいよ。じゃ値段は、どうなの？）
>
> 05A：一个半小时才花60块钱。　　　　　　　　　　　　　　【情報提供】
> 　　（一時間半でたったの60元だよ。）
>
> 06B：啊，　　　　　　　　　　　　　　　　　　　【あいづち：理解】
> 　　（あ。）
> 　　我以前去都是90块钱以上的。服务态度不太好，
> 　　　　　　　　　　　　　　　　　　　　　　　　　【マイナス情報提供】
> 　　（私以前行ったところは全部90元以上で、接客態度があまりよくなかった。）
> 　　质量也不是特别好。对烤肉店都没啥信心了。【マイナス情報提供】
> 　　（食べ物もあまりよくなかった。焼肉屋にはもう期待しないの。）
>
> ……（後略）

(2) 場面②の勧誘発話に対する応答から見る被勧誘者の配慮の仕方

被勧誘者が勧誘内容に興味がない場面②においては、勧誘者の【勧誘】に対する被勧誘者の【応答】に、勧誘者への配慮が見られた。その勧誘発話に対する被勧誘者の【応答】には、「断り」が10組の中5組が見られ、明示的な拒否と婉曲的な拒否の二種類がある。明示的な【拒否】をしても、自分の過去のよくない

経験を説明してから断るなどの【理由説明】が見られた。また、「現在的烤肉都太貴了呀，咱也不挣啥钱（今の焼肉とても高いよ、私たちお金を稼いでいないし）」などの【マイナス意見提示】を述べることで行きたくない気持ちを伝えている。残りの5組は「在哪啊？（どこにある）」のような【情報要求】をすることですぐに回答することを回避している。中国語では話し手は自分の意見を明示的に表明するが、同時に相手の面子を損なわないよう、断る理由を述べたり、【情報要求】することで回答を回避したりすることで人間関係を維持することに配慮をしていることが分かる。

4.5.3　日中の勧誘会話における勧誘者と被勧誘者の配慮の仕方についてのまとめ

4.5.1と4.5.2では、日中の勧誘者と被勧誘者の言語行動を分析対象にし、被勧誘者が勧誘内容に興味がある場面と興味がない場面における日中の配慮の仕方について考察してきた。その結果、日本語の方は相手のネガティブ・フェイスを配慮することに重点を置き、中国語の方は相手のポジティブ・フェイスを配慮することに重点を置いていることが分かった。その日中の勧誘会話における勧誘者と被勧誘者の配慮の仕方は以下のようにまとめできる。

(1) 日本語の配慮の仕方の特徴
1) 勧誘者の配慮の仕方
① 勧誘者は被勧誘者が勧誘内容に興味があるかどうか反応を見ながら、相手に負担をかけないように【勧誘】を行う。
　具体的には、【勧誘】をする前に、先行発話として【情報要求】で相手の都合や好みを聞いたり、被勧誘者の【あいづち】や【評価】などによる反応を見ながら勧誘内容に関しての【情報提供】

を行い、被勧誘者が自由に意見などを示すことをできるように配慮することがよく見られた。

② 勧誘者が「行きたいと思ってるんだけど、○ちゃんはどうかなって」のような婉曲的な勧誘発話を使用することで、被勧誘者に負担をかけないように相手が「断りやすい」環境づくりに重点を置き、被勧誘者への配慮が示される。

③ 勧誘者は、場面②の被勧誘者が自分のよくない経験に関する【マイナス情報提供】をし、興味がないことを示す時に、【あいづち】を打ちながら、被勧誘者の話を最後まで聞き、被勧誘者に協力的な態度を示すことからも勧誘者の配慮が見られる。

2) 被勧誘者の配慮の仕方

① 被勧誘者が勧誘内容に興味がある場面①においては、被勧誘者は積極的に「感情の表出」を表す【あいづち】を打ったり、【プラス評価】をしたりして、自分が勧誘内容に興味を持っていることを示し、勧誘者がスムーズに勧誘を行うことに協力することで、相手への配慮が示される。

② 被勧誘者が勧誘内容に興味がない場面②aにおいては、被勧誘者は勧誘者からの【情報提供】について頻繁に「理解」を表す【あいづち】を打つこと[1]が観察された。自分が勧誘内容に興味がなくても、勧誘者との対人関係の維持に重点を置き、積極的に【あいづち】を打ち、「聞いているよ、続けてください」などの気持ちを勧誘者に伝え、勧誘者と協力しながら会話を展開させていく点で勧誘者への配慮が見られる。

また、被勧誘者が勧誘内容に興味がない場面②aでは、被勧誘者が意見を表すときに、「あまり」「かな」「～けど」など

---

1 被勧誘者が勧誘内容に興味があるかどうかにより、具体的なあいづちの使用と出現位置に違いが見られた。詳しくは4.4をご覧ください。

の言語形式を使用し、相手に配慮しながら行きたくない気持ちを表している。また、勧誘者からの勧誘発話に対して、被勧誘者が「あまり」「かな」などの言語形式を使用することで、直接的な断りの発話の使用を回避したり、回答を保留したりすることからも、勧誘者への配慮が示される。

(2) 中国語の配慮の仕方の特徴
1) 勧誘者の配慮の仕方
① 勧誘者は会話の早い段階で勧誘発話を発したり、スモールトークで相手との関係が近づいてから勧誘を行ったりして、相手に積極的に働きかけることで、相手との親しみを表し、相手に対する配慮が示される。

② 被勧誘者が勧誘内容に興味がない場面②においては、勧誘者は勧誘内容に関する【情報提供】をして、積極的に相手を説得したり、【再勧誘】を行ったりして、「ぜひ二人で行こう」という気持ちを被勧誘者に伝えようとしている。勧誘者は被勧誘者が「儀礼的な勧誘ではないと判断して遠慮なく承諾する」ことができるように環境づくりをしていると言える。

2) 被勧誘者の配慮の仕方
① 被勧誘者が勧誘内容に興味がある場面①においては、被勧誘者は勧誘発話に対してすぐ【承諾】をしたり、勧誘内容に関する【情報要求】をしたりして、自分の興味があることを積極的に示し、誘ってくれる勧誘者のポジティブ・フェイスを配慮している。

② 被勧誘者が勧誘内容に興味がない場面②aにおいても、被

勧誘者は【情報要求】を行う[1]ことが見られた。考える時間を取ると同時に、相手の話を協力的に聞くことで、誘ってくれる勧誘者のフェイスを侵害しないよう、勧誘者への配慮を示している。

　また、被勧誘者の【勧誘】の発話に対しての明示的な【拒否】の使用が見られたが、自分のよくない経験を理由として説明したりすることが多い。また、【情報要求】で回答を回避したり、【マイナス意見提示】で行きたくない気持ちを表したりすることも、誘ってくれる勧誘者のポジティブ・フェイスを侵害しないよう配慮をしていることが分かる。

　以上、勧誘会話における日中の配慮の特徴について見てきた。日中の配慮の仕方は違っているが、どちらもその言語のルールに従っていることが分かった。中国語母語の日本語学習者が日本語母語話者との勧誘会話をスムーズに進めるには、相手との協調を重視する日本語の「共話」の特質と情報のやりとりを重視する中国語の「対話」の特質を理解し、日中の配慮の仕方を認識することが必要である。

1　中国語では、被勧誘者が勧誘内容に興味がある場面①と興味がない場面②に、どちらも被勧誘者からの勧誘内容に関する【情報要求】が見られたが、その【情報要求】の会話で果たす機能と出現位置は場面によって異なる。詳しくは4.3.2をご覧ください。

5　おわりに

　本研究では、日中の勧誘会話を＜導入部＞＜勧誘部＞＜相談部＞＜終結部＞の４つの部分にわけ、日中の勧誘会話の＜導入部＞と＜勧誘部＞を中心に、日中の構造と発話連鎖について分析した。また、被勧誘者が勧誘内容に興味がある場合と興味がない場合における被勧誘者の言語行動に注目し、日中の勧誘会話における勧誘者と被勧誘者の配慮の仕方について見てきた。
　その結果、日中の勧誘会話の構造と発話連鎖には大きな違いが見られ、特に被勧誘者の勧誘内容への興味の有無により、被勧誘者の言語行動が異なり、日本語のあいづちの使用に違いがあることが分かった。また、日中の勧誘会話においては、日本語母語話者と中国語母語話者の相手に対する配慮の仕方にも違いが見られた。
　勧誘会話における勧誘者と被勧誘者の言語行動の特徴は会話の構造と発話連鎖の特徴と深く関わっており、本章では、まず、日中の勧誘者と被勧誘者の言語行動を見ることを糸口として、日中の勧誘会話を対照して、両言語の特徴を簡単にまとめる。次に、日中の勧誘会話の構造と発話連鎖についてまとめておく。本書が中国語を母語とする日本語学習者の一助となれば幸いである。

5.1 日中の勧誘会話の特徴についてのまとめ

5.1.1 日中の勧誘会話における勧誘者と被勧誘者の言語行動の特徴について

(1) 日中の勧誘者の言語行動の特徴について

1) ＜導入部＞における日中の勧誘者の言語行動の特徴について

　日本語の勧誘会話では、勧誘者が勧誘発話に入る前の会話に重点が置かれている。勧誘者は勧誘会話の＜導入部＞を重視し、被勧誘者の都合や好みについて聞いてから、勧誘内容に関して様々な【情報提供】をし、被勧誘者の【あいづち】や、【評価】などによる反応を見ながら、勧誘を行っている。日本語では、勧誘者が被勧誘者に負担をかけないように勧誘を行い、被勧誘者のネガティブ・フェイスに配慮の重点を置いていると考えられる。

　一方、中国語の勧誘会話では、勧誘者は被勧誘者の都合などに関する【情報要求】や、勧誘内容について簡単な【情報提供】をしてから、すぐ【勧誘】の発話に入っている。また、今回の資料では、中国語の勧誘会話では被勧誘者の近況を聞き、スモールトークで相手との関係を近づけ、その後、勧誘を行うことも見られた。中国語では、勧誘者が早い段階で勧誘を行ったり、スモールトークからいきなり勧誘に入ったりすることで、被勧誘者に対する親しみを表し、被勧誘者のポジティブ・フェイスに重点を置いて配慮していることが分かる。

　＜導入部＞＜勧誘部＞の出現については、日本語では、＜導入部＞と＜勧誘部＞がはっきり分かれているが、中国語では、＜導入部＞＜勧誘部＞がはっきり分かれている会話以外に、二つの構造が一連の発話の中で続けて出現する＜導入部＋勧誘部＞の会話、いきなり【勧誘】の発話を発する＜導入部＞なし

の会話があり、多様である。

① ＜導入部＞＜勧誘部＞：二つの構造がはっきり分かれる。

② ＜導入部＋勧誘部＞：二つの構造が勧誘者の一連の発話の中に続けて現れる。

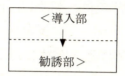

③ ＜導入部＞なし：いきなり【勧誘】の発話を行い、＜勧誘部＞に入る。

2）＜勧誘部＞における日中の勧誘者の言語行動の特徴について

被勧誘者が勧誘内容に興味がある場合、日本語では【勧誘】に対し、被勧誘者がすぐ【承諾】していることが多く、そのまま＜相談部＞に移っている。中国語の方は、勧誘を承諾してからの会話が長く、被勧誘者から【情報要求】が続くという特徴を持っている。勧誘者は被勧誘者からの【情報要求】に対して【情報提供】をしたり、自ら積極的に勧誘内容について【情報提供】をしたりしている。

被勧誘者が勧誘内容に興味がない場合は、日本語では、被勧誘者が自分の過去のよくない経験について語ったり、【マイナス意見提示】をしたりして興味がないことを示しているが、それに対して、勧誘者は【あいづち】を打ち、協力的な姿勢を示

したり、勧誘内容に関する更なる情報を提供したりして、被勧誘者を説得しようとしている。一方、中国語では、勧誘者が【再勧誘】をして、熱心に誘うことが一つの特徴で、被勧誘者の【マイナス情報提供】などに対してさらに【情報提供】などを行い、被勧誘者を積極的に説得している。

日本語では、勧誘者は被勧誘者に負担をかけないよう配慮をし、協力的な姿を示したり、【情報提供】をして相手を説得したりしているが、中国語では、相手に「本当に二人で一緒に行きたい」という誠意を示すことに配慮をし、【再勧誘】や【情報提供】をして、積極的に働きかけていると言える。

(2) 日中の被勧誘者の言語行動の特徴について

1) 被勧誘者が勧誘内容に興味がある場合における日中の被勧誘者の言語行動について

被勧誘者が勧誘内容に興味がある場合には、日本語では、被勧誘者が勧誘者からの【情報提供】に対して積極的に「感情の表出」を示す【あいづち】を打ったり、【プラス評価】をしたりし、勧誘者の勧誘に対して協力的な姿勢を示すことで、勧誘者のネガティブ・フェイスを侵害しないよう配慮をしている。

それに対して、中国語では、勧誘者からの【情報提供】を待つのではなく、被勧誘者が【勧誘】を【承諾】してから、勧誘内容について積極的に【情報要求】をしたり、勧誘者の【情報提供】について【評価】をしたりすることが特徴的である。被勧誘者が積極的に【情報要求】をすることで、勧誘内容に興味があることを示し、勧誘者のポジティブ・フェイスに配慮していることが考えられる。

2) 被勧誘者が勧誘内容に興味がない場合における日中の被勧誘者の言語行動について

被勧誘者が勧誘内容に興味がない場合にも、日本語では、頻

繁に「理解」を示す【あいづち】を打ち、勧誘者に協力的な姿勢を示す。また、被勧誘者が勧誘内容に興味がある場合だけでなく、興味がない場合にも「感情の表出」を示す【あいづち】も見られるが、その後に勧誘に消極的な態度を示す【マイナス情報提供】や【マイナス意見提示】が見られたり、勧誘者の【勧誘】の発話に対する応答として使われ、回答を保留している例も見られた。「不同意」の【あいづち】も被勧誘者が勧誘内容に興味がない場合の一つの特徴として見られた。

他には、被勧誘者が過去のよくない経験など関する【マイナス情報提供】をしたり、【マイナス意見提示】をしたりして興味がないことを示している。よくない経験は＜導入部＞か＜勧誘部＞のどちらか一方に現れる。

一方、中国語の方は、被勧誘者が勧誘内容に興味がある場合だけでなく、興味がない場合にも被勧誘者からの【情報要求】が見られた。被勧誘者は勧誘内容に関する【情報要求】をすることで、勧誘者からの【勧誘】に対する【拒否】を回避したり、考える時間を取ったりするのが特徴である。過去のよくない経験などに関する【マイナス情報提供】をしたり、【マイナス意見提示】をしたりして、興味がないことを勧誘者に伝えている。

以上、被勧誘者が勧誘内容に興味がある場合と興味がない場合における日中の勧誘者と被勧誘者の言語行動についてまとめてきた。日本語の方は、勧誘者と被勧誘者がお互いのネガティブ・フェイスに重点を置いているのに対し、中国語の方は、相手のポジティブ・フェイスに重点を置いていることが分かる。

5.1.2 日中の勧誘会話の構造と発話連鎖について

日中の勧誘者の勧誘の仕方とそれに対する被勧誘者の対応の仕方からみると、日中の勧誘会話の＜導入部＞と＜勧誘部＞の

◆ 「勧誘」の言語行動についての日中対照研究 ◆

構造と発話連鎖の特徴は図5-1、図5-2のようにまとめられる。

　日本語の興味がある場合には、被勧誘者Bの【あいづち】は、「うん」「うんうん」「へぇ」などの「理解」「感情の表出」の使用が特徴的である。興味がない場合にも、「理解」の【あいづち】が多く、「うん」「うんうん」以外に、「あ：↓」のような「理解」の【あいづち】が見られた。「う：ん」のような「不同意」のあいづちも特徴的である。

図5-1　日本語の＜導入部＞＜勧誘部＞の特徴的な展開型

	日本語・興味がある場合	日本語・興味がない場合
導入部	A情報要求―B情報提供 ↓ A情報提供―B あいづち／評価 （繰り返し） ↓	A情報要求　―　B情報提供 ↓ A情報提供―B あいづち／意見提示 （繰り返し） ↓ Bマイナス情報提供　―　A あいづち （繰り返し） ↓ A情報提供―B あいづち／意見提示 （繰り返し）
勧誘部	A勧誘　―　B承諾	A勧誘　―　B保留／拒否 ↓ Bマイナス情報提供　―　A あいづち （繰り返し） ↓ A情報提供―B あいづち／意見提示 （繰り返し）

図 5-2　中国語の＜導入部＞＜勧誘部＞の特徴的な展開型

	中国語・興味がある場合	中国語・興味がない場合
導入部	（A情報要求―B情報提供）／スモールトーク	A情報提供＋
勧誘部	↓ A情報提供＋勧誘　―　B承諾 ↓ B情報要求―A情報提供―B評価／ 　　　　　　　　　　　あいづち ↓ （繰り返し）	↓ A勧誘　―　B保留／拒否 A情報提供　―　B経験による意見提示 ↓（繰り返し） A情報提供　―　B情報要求 ↓（繰り返し）

5.2　中国語を母語とする日本語学習者への提言

　本書における分析結果では、日中の勧誘会話における勧誘者の勧誘の仕方や、被勧誘者の勧誘内容への興味の有無による対応の特徴、日中の勧誘会話の展開及び発話連鎖の使用に大きな違いが見られた。これまで、漠然と捉えられていた中国語母語話者の日本語学習者の誤解やコミュニケーション上の支障は今回の分析結果を利用することでより明確に原因が捉えられる。

　中国語を母語とする日本語学習者は日本語母語話者を勧誘する際に、簡単な【情報提供】をしてから相手の応答を待たずにすぐ勧誘を行うことで、相手に親しみを表そうとするが、日本語に同じ方略を用いると、日本語では押しつけがましさを感じさせるだろう。逆に、日本語で勧誘される際に、日本語が母語の勧誘者が様々な【情報提供】をしてから勧誘を行ったり、非明示的な勧誘発話をしたりすると、中国語母語の日本語学習者は、「私と一緒に焼肉を食べに行きたいのなら、早くはっきり言ってほしい」と不満を感じるだろう。

また、学習者は相手が興味を持っているなら先に【承諾】してほしいだろうが、誘われる日本語話者がなかなか行くかどうかを言ってくれないと、【再勧誘】を行ったりするだろう。中国語では【再勧誘】をしたり積極的に説得したりすることによって、被勧誘者に対する親近感を表すが、日本語では強引に誘われると感じさせてしまうかもしれない。

　また、日本語では、被勧誘者は勧誘者からの【情報提供】を待つことが多いが、中国語母語の学習者は被勧誘者から【情報要求】されることを期待している。誘われる日本語母語話者が【情報要求】してくれず、【あいづち】ばかりを打っていると、相手が本当に興味を持っているかと疑ってしまうかもしれない。また、中国語母語話者から日本語母語の被勧誘者の言語行動を見ると、相手の表情や前後の発話で自分の話にあまり興味がないように見えるにも関わらず、相手が【あいづち】を頻繁に打つのが慇懃無礼に感じられ、相手との距離感が感じられる。逆に、日本語母語話者から見ると、被勧誘者が興味がないのに【情報要求】をすると、興味があるように誤解される可能性がある。また、興味がないことを実質発話ではっきり表しすぎて、相手を傷けるように思われるかもしれない。

　以上のように、日中の配慮の仕方は違っているが、どちらもその言語のルールに従っている。中国語母語の日本語学習者が日本語母語話者と勧誘会話を行う際に、相手との協調を重視する日本語の「共話」の特質と情報のやりとりを重視する中国語の「対話」の特質を理解し、日中の配慮の仕方を認識することができれば、お互いをさらによく理解することが期待できるだろう。日本語母語話者との勧誘を順調に進めるには、日中の勧誘会話の構造や、発話連鎖の特徴、配慮の仕方を理解する上で、お互いのルールを理解し、尊重することが期待される。

謝　辞

　本書は博士論文を元に作成したものです。博士論文を執筆するにあたり、たくさんの方々のご支援やご協力をいただきました。心より感謝をお伝えしたいと思います。まず、修士論文、博士論文のご指導をいただいた指導教官の鈴木睦先生に、心より厚くお礼を申し上げます。かつて鈴木先生の指導学生でもあった母校の山東師範大学の張強先生に鈴木先生をご紹介いただいたのが、約5年前になります。その後、博士前期課程の入学試験を受け、鈴木先生の元で研究を行う機会を得ることができました。合格の通知が来てうれしく舞い上がっていたのか、他のことはよく覚えていませんが、なぜか鈴木先生の「お目にかかるのを楽しみにしております。」という言葉だけが今でも心に残っています。あれから5年、先生からは研究への取り組み方をはじめ、多くのことを教えていただきました。本研究に際しても、時に厳しく、時に優しく、ご指導をいただきました。また、研究以外の生活の面でもたくさんの励ましをいただきました。特に、子どもを授かったことを鈴木先生に報告した時、先生は「おめでとう」と喜んでくださり、その一言に大変勇気をいただきました。不安な時、いつも気にかけ、温かい言葉をくださる先生に本当に救われてきました。まだまだ駆け出しの身ですが、いつかは先生のような教育者になりたいと思っています。

また、副指導教官の筒井佐代先生、杉村博文先生にも、深くお礼を申し上げます。研究のことで相談に乗っていただいた際に、貴重なアドバイスや励ましをいただきました。

　データの収集に協力していただいた大阪大学外国語学部、中国の大連理工大学理工学部の皆さんにも、感謝申し上げます。調査協力者の皆さんがいなければ、今回の博士論文を執筆することができませんでした。本当にありがとうございました。

　博士論文の日本語のチェックをしてくださった北口信幸さんや中国語の翻訳に際してアドバイスをいただいた中田聡美さん、そして、いつも応援してくれた友人たちにも、深く感謝をしています。

　また、本書の出版を援助してくださった遼寧師範大学外国語学院に、深く感謝の意を表します。北京大学出版社の外国語編集部の張氷主任と日本語編集の担当者蘭婷さんにも深くお礼を申し上げます。

　最後に、ずっとそばで支えてくれる夫といつもニコニコ笑って元気をくれる長男と長女に、応援してくれる家族の皆に、この場を借りて感謝の気持ちを述べたいと思います。本当にありがとう。

参考文献

安達太郎（1995）「シナイカとショウとショウカ―勧誘文」『日本語類義表現の文法（上）単文編』くろしお出版 pp.226-234

生駒幸子（1996）「日常生活における発話の重なりの機能」『世界の日本語教育』6号国際交流基金 pp.185-200

石川創（2010）「あいづちとの比較によるフィラーの機能分析」『早稲田日本語研究』19号　早稲田大学日本語学会 pp.61-72

伊藤昭・矢野博之（1998）「「共話」：創発的対話の対話モデル」『音声言語情報処理』20巻1号　一般社団法人情報処理学会 pp.1-8

伊藤博子（1993）「談話の指導―バックチャンネルからの展開―」『日本語学』12巻8号　明治書院 pp.78-91

今石幸子（1992）「談話における聞き手の行動　―あいづちのタイミングについて―」『日本語教育学会創立30周年・法人設立15周年記念大会予稿集』 pp.147-151

宇佐美まゆみ（2014）「ディスコース・ポライトネス理論とその応用について：ミスコミュニケーションの予防や解決のために（ヒューマンコミュニケーション基礎）」『電子情報通信学会技術研究報告』114巻67号　pp. 49-54

宇佐美まゆみ（2002）「ポライトネス理論と対人コミュニケーション研究」『日本語・日本語教育を研究する』第18回　国際交流基金

宇佐美まゆみ（2003）「異文化接触とポライトネス：ディスコース・ポライトネス理論の観点から」『國語學』54巻3号　日本語学会 pp.117-132

梅木俊輔（2009）「相づち使用とターン管理に関する一考察―接触場面の場合」『第7回日本語教育研究集会予稿集』日本語教育研究集会

王婧（2011）「「あいづち」の使い分けにおける中国語話者と日本語話者の相違―情報のなわ張り理論―」『国文学攷』210号　広島大学国語国文学会　pp. 1-14

大塚容子（2005）「テレビインタビュー番組におけるあいづち的表現　―ポライトネスの観点から―」『岐阜聖徳学園大学紀要』44集　外国語学部編　pp. 55-69

大浜るい子（2006）『日本語会話におけるターン交替と相づちに関する研究』渓水社

大浜るい子・山崎深雪・永田良太（1998）「道聞き談話におけるあいづちの機能」『日本語教育』96号　日本語教育学会　pp. 73-84

大上協子・スクリパエンコ, アレクセイ・ソムチャナキット, クナッジ・田中真衣・ソーピットウッティウォン, ユパワン・劉丹丹（2011）「「勧誘」に関する一考察　―日・中・タイ・露対照研究―」『阪大日本語教育学研究』2号　大阪大学大学院言語文化研究科　鈴木睦研究室　pp. 1-40

岡崎敏雄（1987）「談話の指導初〜中級を中心に」『日本語教育』62号　日本語教育学会　pp. 165-178

郭末任（2003）「自然談話に見られる相づち的表現　―機能的な観点から出現位置を再考した場合―」『日本語教育』118号　日本語教育学会　pp. 47-56

柏崎秀子（1993）「話しかけ行動の談話分析―依頼・要求表現の実際を中心に」『日本語教育』79号　日本語教育学会　pp. 53-63

神谷優貴・大野誠寛・松原茂樹・柏岡秀紀（2010）「同調的対話システムにおけるあいづち挿入タイミング」『言語処理学会第16回年次大会発表論文集』　pp. 395-398

川上徳明（2005）『命令・勧誘表現の体系的研究』おうふう

◆ 参考文献 ◆

川口義一・蒲谷宏・坂本惠（2002）「待遇表現としての「誘い」」『早稲田大学日本語教育研究』1号　早稲田大学大学院日本語教育研究科　pp.21-30

喜多壮太郎（1996）「あいづちとうなずきからみた日本人の対面コミュニケーション」『日本語学』15巻1月号　明治書院　pp.58-66

木山三佳（1993）「場面に応じた「誘い」の言語様式使用の指導のために：初級・中級教科書の分析からの提言」『言語文化と日本語教育』5号　お茶の水女子大学日本言語文化研究会　pp.35-45

許禎（2013）「母語場面と接触場面における中国人日本語話者のあいづちの特徴」桜美林大学言語教育研究科修士論文

金志宣（2001）「turn-takingパターン及びその連鎖パターン―韓・日の対照会話分析」『人間文化論業』4号　お茶の水女子大学大学院人間文化研究科　pp.153-166

窪田彩子（1999a）「初級・上級日本語学習者の初対面時に使用する相づちについての一考察」『平成11年度日本語教育学会春季大会予稿集』　pp.179-184

窪田彩子（1999b）「初級・上級日本語学習者の相づち詞の形態―日本人対話者の年齢が及ぼす影響―」『日本語教育学会秋季大会予稿集』pp.141-146

久保田真弓（2001）「聞き手のコミュニケーションの機能としての「確認のあいづち」」『日本語教育』108号　日本語教育学会　pp.14-23

熊井浩子（1992）「留学生にみられる談話行動上の問題点とその背景」『日本語学』11巻12号　明治書院　pp.72-79

倉田芳弥・楊虹（2010）「討論における中国人学習者と日本語母語話者の不同意表明の仕方―構成要素の観点から―」『言語文化と日本語教育』39号　お茶の水女子大学日本言語文化学研究会　pp.158-161

黒崎良昭（1987）「談話進行上の相づちの運用と機能　―兵庫県滝野

方言について」『国語学』150号　国語学会　pp.15-28

黒崎良昭（1995）「日本語のコミュニケーション：「共話」について」『園田学園女子大学論文集』30巻Ⅰ号　園田学園女子大学　pp.45-60

熊紅芝（2008）「日本語と中国語のあいづち表現形式についての比較―待遇性の観点からの一考察―」『日中言語研究と日本語教育』1号　日中言語研究と日本語教育研究会　pp.55-66

権賢珠（2006）「日本語の「語り」の談話における相づちの談話展開機能」『早稲田大学日本語教育研究』9号　早稲田大学大学院日本語教育研究科　pp.9-21

黄明淑（2011）「誘い表現における中日対照研究―共同行為要求に着目して―」『日本語／日本語教育』2号　日本語／日本語教育研究会　pp.137-153

黄明淑（2012）「「誘い」表現における中日対照研究：「誘導発話」に着目して」『人間文化創成科学論叢』14巻　お茶の水女子大学大学院人間文化創成科学研究科　pp.67-75

黄明淑（2014）「話題の切り出しから「誘い」の意志決定に至るまでの一連の言語行動：中国語母語話者と日本語話者の比較」『人文科学研究』10号　お茶の水女子大学人文科学研究　pp.41-55

黄麗華（2002）「中国語の肯定応答表現―日本語と比較しながら」『「うん」と「そう」の言語学』ひつじ書房　pp.47-60

木暮律子（2002）「話者交替における発話の重なり―母語場面と接触場面の会話について―」『日本語科学』11号　日本語科学／国立国語研究所　pp.115-134

木暮律子（2002）「母語場面と接触場面の会話における話者交替－話者交替をめぐる概念の整理と発話権の取得」『言葉と文化』3　名古屋大学大学院国際言語文化研究科日本言語文化専攻　pp.163-180

小宮千鶴子（1986）「相づち使用の実態―出現傾向とその周辺―」『語学教育研究論集』3号　大東文化大学語学教育研究所　pp.43-62

小室郁子（1995）「"Discussion" における turn-taking―実態

の把握と指導の重要性―」『日本語教育』85号 日本語教育学会 pp.53-65

蔡胤柱（2005）「日本語母語話者のEメールにおける「断り」―「待遇コミュニケーション」の観点から」『早稲田大学日本語教育研究』7号 早稲田大学大学院日本語教育研究科 pp.95-108

齋美智子（2001）「「はたらきかけ」をあらわすシナイカ」『人間文化論叢』4号 お茶の水女子大学大学院人間文化研究科 pp.167-175

笹川洋子（2007）「異文化コミュニケーション場面にみられる共話の類型」『神戸親和女子大学言語文化研究』1号 神戸親和女子大学 pp.17-40

定延利之（2002）「「うん」と「そう」に意味はあるか」『「うん」と「そう」の言語学』ひつじ書房 pp.75-112

ザトラウスキー，ポリー（1986）「談話の分析と教授法（1）―勧誘表現を中心に―」『日本語学』5巻11号 明治書院 pp.27-41

ザトラウスキー，ポリー（1986）「談話の分析と教授法（2）―勧誘表現を中心に―」『日本語学』5巻12号 明治書院 pp.99-108

ザトラウスキー，ポリー（1987）「談話の分析と教授法（3）―勧誘表現を中心に―」『日本語学』6巻1号 明治書院 pp.78-85

ザトラウスキー，ポリー（1993）『日本語の談話の構造分析 ―勧誘のストラテジーの考察―』くろしお出版

嶋田みのり（2013）「日本語の「誘い」場面におけるEメールの談話構造と表現形式：母語話者と中国人学習者の分析を通じて」『創価大学大学院紀要』35号 pp.217-242

白川博之（1996）「「ケド」で言い終わる文」『広島大学日本語教育学科紀要』6号 pp.9-17

周依丹・田崎敦子（2013）「中国人日本語学習者の誘いに対する断り談話―関係構築に着目して―」『日語教育と日本学研究』華東理工大学出版社 pp.84-88

杉戸清樹（1987）「発話のうけつぎ」『国立国語研究所報告92 談話

行動の諸相―座談資料の分析』　pp. 69-106

杉戸清樹（1989）「ことばのあいづちと身ぶりのあいづち　―談話行動における非言語的表現―」『日本語教育』67号　日本語教育学会　pp. 48-59

杉藤美代子（1993）「効果的な談話とあいづちの特徴及びそのタイミング」『日本語学』12巻4号　明治書院　pp. 11-20

鈴木孝夫（1985）『ことばと社会』中央公論社

鈴木睦（1997）「日本語教育における丁寧体世界と普通体世界」『視点と言語行動』くろしお出版　pp. 45-74

鈴木睦（2003）「コミュニケーションからみた勧誘のしくみ　―日本語教育の観点から―」『社会言語科学』6巻1号　社会言語科学会　pp. 112-121

須藤潤（2005）「会話参加者間の社会的関係による感動詞の音声的特徴―応答における「あ」のバリエーション―」『社会言語科学』8巻1号　社会言語科学会　pp. 181-193

須藤潤（2007）「日本語感動詞「うん」の意味・分類から音声的特徴の分析へ」『音声研究』11巻3号　日本音声学会　pp. 94-106

関崎博紀（2009）「日本人大学生同士の会話における否定的評価の表現を含む発話の機能」『日本語用論学会大会発表論文集』5号　日本語用論学会　pp. 273-276

曹永湖（1994）「談話における相づちの運用と機能」『東北大学文学部日本語学科論集』4号　pp. 63-74

高木佐知子（1996）「テレビインタビューにおけるframe分析」『大阪大学言語文化学』5号　pp. 121-133

高澤信子（2004）「誘い表現」における待遇表現指導について―先生・先輩・友人を誘う場合『AJALT日本語研究誌』2号　国際日本語普及協会　pp. 52-68

武田加奈子（2006）「接触場面における勧誘談話管理」千葉大学大学院社会文化科学研究科博士論文

鄭在恩（2009）「日韓の勧誘ストラテジーについて」『言葉と文化』10号　名古屋大学大学院国際言語文化研究科日本言語文化専攻　pp. 113-132

鄭榮美（2011）「友人間の会話における「誘い行動」の日韓対照研究—ディスコース・ポライトネス理論の観点から」東京外国語大学大学院地域文化研究科博士論文

張麗（2009）「話者交替にみられる中国人と日本人の「自己主張」のスタイル—小集団ディスカッションを通して—」『異文化ココミュニケーション論集』7号　立教大学　pp. 147-159

張麗（2010）「話者交替にみられる中国人と日本人の「自己主張」のスタイル—小集団ディスカッションを通して—（その2）」『大正大学研究紀要』95号　pp. 100-116

陳姿菁（2001）「日本語の談話におけるあいづちの類型とその仕組み」『日本語教育』108号　日本語教育学会　pp. 24-33

陳姿菁（2002）「日本語におけるあいづち研究の概観及びその展望」『第二言語習得・教育の研究最前線—あすの日本語教育への道しるべ— 言語文化と日本語教育』5月増刊特集号　日本言語文化学研究会　pp. 222-235

陳姿菁（2005）「日台の電話会話における新たなターンの開始 —あいづち使用の有無という観点から—」『世界の日本語教育』15号　世界交流基金　pp. 41-58

塚原千賀子（2001）「あいづちの研究：トーク番組におけるあいづち使用の実態」『昭和女子大学大学院日本語教育研究紀要』1号　pp. 1-10

辻本桜子（2007）「あいづちの男女差に関する一考察 —トーク番組における司会者のあいづちを通して—」『日本言語文化研究』11号　龍谷大学　pp. 33-45

土屋菜穂子（2013）「日本語学習者のインタビュー応答時における言いよどみ使用」『第3回コーパス日本語学ワークショック予稿

集』 pp.153-160

筒井佐代（2002）「会話の構造分析と会話教育」『日本語・日本文化研究』12号　大阪外国語大学日本語講座　pp.9-21

筒井佐代（2008）「話しことば教育の体系化と会話の構造分析―言語行動と状況によるシラバス作成の提案―」『タイ国日本研究国際シンポジウム2007論文報告書』　pp.179-199

筒井佐代（2012）『雑談の構造分析』くろしお出版

寺尾綾（2008）「ある中国語を母語とする日本語学習者の言語的あいづち　―日本語の習熟度からみた縦断的分析―」『阪大日本語研究』20号　大阪大学日本語学研究室　pp.91-117

東條友美（2013）「日本語学習者の勧誘談話行動」千葉大学大学院人文社会科学研究科研究プロジェクト報告書第218集『多文化接触場面の言語行動と言語管理』　接触場面の言語管理研究7号　pp.87-103

富樫純一（2002a）「「はい」と「うん」の関係をめぐって」『「うん」と「そう」の言語学』ひつじ書房　pp.127-157

富樫純一（2002b）「談話標識「まあ」について」『筑波日本語研究』7号　筑波大学大学院博士課程文芸・言語研究科日本語学研究室　pp.15-31

仲真紀子（1986）「接続詞「だけど」の機能とその獲得」『日本語教育心理学会総会発表論文集』28号　日本教育心理学会　pp.106-107

中井陽子（2003）「初対面日本語会話の話題開始部／終了部において用いられる言語的要素」『早稲田大学日本語研究教育センター紀要』16号　pp.71-95

中島悦子（2000）「あいづちに使用される「はい」と「うん」―あらたまり度・待遇度から見た出現実態―」『ことば』21号　現代日本語研究会　pp.104-113

中島悦子（2003）「発話上におけるあいづちの出現位置とその分布－自然談話録音資料にもとづいて―」『21世紀アジア学会紀要』1

◆ 参考文献 ◆

号　国士舘大学 21 世紀アジア学会　pp. 65-78

中島悦子（2011）『自然談話の文法：疑問表現・応答詞・あいづち・フィラー・無助詞』おうふう出版

永田良太（2004）「会話におけるあいづちの機能―発話途中に打たれるあいづちに着目して」『日本語教育』120 号　日本語教育学会　pp. 53-62

西坂仰・串田秀也・熊谷智子（2008）「相互行為における言語使用：会話データを用いた研究」『社会言語科学』10 巻 2 号　社会言語科学会　pp. 13-15

日本語記述文法研究会［編］（2003）『現代日本語文法 4　第 8 部　モダリティ』くろしお出版

ネウストプニー，J．V（1995）「日本語教育と言語管理」『阪大日本語研究』第 7 号野畑理佳（1996）「対話における聞き手の言語行動―相づち的な発話による聞き手の参加―」『平成 8 年度日本語教育学会春季大会予稿集』　pp. 67-82.

野村雅昭（1996）「発話機能からみた落語の談話構造」『早稲田大学大学院文学研究科紀要』第 3 分冊 42 号　pp. 23-34

橋内武（1999）『ディスコース　談話の織りなす世界』くろしお出版

初鹿野阿れ（1998）「発話ターン交代のテクニック―相手の発話中に自発的にターンを始める場合―」『東京外国語大学留学生日本語教育センター論集』24 号　pp. 147-162

長谷川哲子（2002）「勧誘の談話における日本語学習者の発話の特徴」『立命館言語文化研究』14 巻 3 号　pp. 215-224

畠弘巳（1982）「コミュニケーションのための日本語教育」『月刊言語』11 巻 13 号大修館書店　pp. 56-71

畠弘巳（1988）「外国人のための日本語会話ストラテジーとその教育」『日本語学』7 巻 3 号　明治書房　pp. 100-117

林宅男（2008）『談話分析のアプローチ―理論と実践―』研究社

半沢千絵美（2011）「日本語学習者の聞き手としての行動―相づ

ちとうなずきの使用と認識の結果から―」『Journal CAJLE』12号　pp.159-179

樋口文彦（1992）「勧誘文－しよう、しましょう」『ことばの科学』5号　言語学研究会　pp.175-186

日向茂男（1979）「談話における『はい』と『ええ』の機能について」『国立国語研究所報告』65号　pp.215-229

姫野伴子（1998）「勧誘表現の位置－「しよう」「しようか」「しないか」－」『日本語教育』96号　日本語教育学会　pp.132-142

広田妙子・本郷智子・山崎真弓（2012）「日本人学生に対する上級日本語学習者のインタビュー資料の分析―聞き手としての言語行動に注目して―」『日本語教育方法研究会誌』19巻1号　pp.70-71

ファン，S．K(1997)「英語母語話者と中国語母語話者の点火ストラテジーについて―日本語学習者としての「誘い」―」『日本語・日本文化研究』第5号　大阪外国語大学日本語講座　pp.35-49

フェアブラザー，リサ（2000）「言語管理モデルからインターアクション管理モデルへ」『千葉大学社会文化科学研究科　研究プロジェクト報告』　pp.55-65

福井安紗実（2012）「談話に現れる「まあ」の機能」『札幌国語研究』17号　pp.97-97

福富奈美（2010）「日本語会話における「くり返し」発話について」『言語文化学研究（言語情報編）』5号　大阪府立大学　pp.105-125

藤井桂子（1995）「発話の重なりについて―分類の試み―」『言語文化と日本語教育』10号　お茶の水女子大学日本言語文化学研究会　pp.13-23

藤井桂子（2001）「学習者の滞日中における「聞き手発話」の変化」『横浜国立大学留学生センター紀要』8号　pp.79-91

藤井桂子・大塚純子（1994）「会話における発話の重なりについて－脇力的側面を中心に」『言語文化と日本語教育』8号　お茶の水女子大学日本言語文化学研究会　pp.1-13

藤森弘子（1996）「関係修復の観点からみた「断り」の意味内容―日本語母語話者と中国人日本語学習者の比較―」『大阪大学言語文化学』5号　pp.5-17

藤原真理（1993）「対話における相づち表現の考察『そうですか』『そうですね』等を中心に」『東北大学文学部日本語学科論集』3号　pp.71-82

古川智樹（2008）「日中母語場面と接触場面におけるあいづちのタイミングとその差異」『日本語教育研究集会予稿集』　pp.6-9

古川智樹（2010）「あいづちとして用いられる「あ」の機能」『言葉と文化』11号　名古屋大学大学院国際言語文化研究科日本言語文化専攻　pp.237-253

文鐘蓮（2007）「中国人日本語学習者における『断り』表現の問題点」『平成18年度活動報告書：海外研修事業編』　pp.34-38

文鐘蓮（2011）「中日両国の大学生における断り表現の対照研究――「誘い」に対する断り場面を中心として」『東アジア日本語教育・日本文化研究』東アジア日本語教育・日本文化研究14号　pp.111-128

坊農真弓（2002）「プロソディからみた「うん」と「そう」」『「うん」と「そう」の言語学』　ひつじ書房　pp.113-126

朴仙花（2008）「現代日本語における接続助詞で終わる言いさし表現について―「けど」「から」を中心に―」『言語と文化』9号　名古屋大学大学院国際言語文化研究科日本言語文化専攻　pp.253-270

堀口純子（1988）「コミュニケーションにおける聞き手の言語行動」『日本語教育』　64号　日本語教育学会　pp.13-26

堀口純子（1990）「上級日本語学習者における聞き手としての言語行動」『日本語教育』71号　日本語教育学会　pp.16-32

堀口純子（1990）「コミュニケーションにおける聞き手による予測の型」『文藝言語研究　言語篇』17号　筑波大学　pp.1-18

堀口純子（1991）「あいづち研究の現段階と課題」『日本語学』10巻10号　明治書院　pp.31-41

堀口純子（1997）『日本語教育と会話分析』くろしお出版

マスデン眞理子（2011）「日本人大学生が失礼だと感じる留学生の誘い・断りの表現に関する予備調査」『熊本大学国際化推進センター紀要』2号　pp.51-73

俣野夕子（1996）「接触場面における話者交代」『阪大日本語研究』8号　大阪大学日本語学研究室　pp.87-106

松田陽子（1988）「対話の日本語教育学―あいづちに関連して―」『日本語学』7巻13号　明治書院　pp.59-66

水谷修（1989）「日本語教育と非言語伝達」『日本語教育』67号　日本語教育学会　pp.1-10

水谷信子（1983）「あいづちと応答」『講座 日本語と表現3 話しことばの表現』筑摩書房　pp.37-44

水谷信子（1984）「日本語教育と話しことばの実態―あいづちの分析―」『金田一春彦博士古稀記念論文集　第二巻　言語学編』　pp.261-279

水谷信子（1988）「あいづち論」『日本語学』7巻13号　明治書院　pp.4-11

水谷信子（1993）「「共話」から「対話」へ」『日本語学』12巻4号　明治書院　pp.4-10

水谷信子（1995）「日本人とディベート―「共話」と「対話」」『日本語学』14巻6号　明治書院　pp.4-12

水野義道（1988）「中国語のあいづち」『日本語学』7巻13号　明治書院　pp.18-23

嶺川由季（2001）「大学院のゼミ談話で見られる日本語母語話者の「対話」と「共話」の使い分け」『社会言語科学』3巻2号　社会言語科学会　pp.39-51

三宅和子（2011）『日本語の対人関係把握と配慮言語行動』ひつじ書房

三宅和子・野田尚史・生越直樹（2012）『「配慮」はどのように示さ

れるか』ひつじ書房

村田晶子（2000）「学習者のあいづちの機能分析 —「聞いている」という信号，感情・態度の表示，そして turn-taking に至るまで—」『世界の日本語教育』10 号　国際交流基金　pp. 241-260

村岡英裕（2006）「接触場面における話順交替時のポーズについて－中国人日本語話者と日本語母語話者の2者間会話に関する研究ノート」『千葉大学人文研究』35 号　pp. 173-197

メイナード・泉子・K（1993）『会話分析』くろしお出版

目黒秋子（1996）「日本語の談話における間接的断り理解の過程ー母語話者の認知の視点からー」『東北大学文学部日本語学科論集』6 号　pp. 105-116

森恵理香・前原かおる・大浜るい子（1999）「ターン譲渡の方略としての「繰り返し」と「問い」」『広島大学日本語教育学科紀要』　pp. 41-49

李海燕（2013）「「断り」表現の日中対照研究」東北大学国際文化研究科博士論文

劉建華（1987）「電話でのアイヅチ頻度の中日比較」『月刊言語』16 巻 12 号　大修館書店　pp. 93-97

劉建華（1984）「勧誘・応答における中日言語行動の比較 --「直接表現型」と「調和重視型」をめぐって」『待兼山論叢』18 号　大阪大学大学院文学研究科　pp. 17-38

劉佳珺（2011）「会話における発話の重なりについて」『言葉と文化』12 号　国際言語文化研究科　pp. 49-66

劉佳珺（2012）「会話における割り込みについての分析—日本語母語話者と中国人日本語学習者との会話の特徴」『異文化コミュニケーション研究』24 号　神田外語大学　pp. 1-24

劉丹丹（2014b）「勧誘会話における日中の配慮の仕方—被勧誘者が勧誘内容に興味がない場合—」『社会言語科学会第 34 回大会発表論文集』　pp. 54-57

劉丹丹（2014a）「日本語母語話者による勧誘会話における被勧誘者の言語行動―被勧誘者が勧誘内容に興味がある場合とない場合―」『日本研究論集』11号　チュラーロンコーン大学文学部東洋言語学科日本語講座・大阪大学大学院言語文化研究科日本語・日本文化コース　pp.107-125

劉丹丹（2012）「勧誘会話における中日あいづちの対照研究」『日本語教育と日本研究における双方向性アプローチの実践と可能性』ココ出版　pp.531-540

呂萍（2010）「中日語の電話による会話におけるあいづちの使用―頻度と出現位置に着目して―」『国際文化研究』16号　東北大学　pp.109-121

柳川子（2003）「日本語学習者を対象とした相づち研究の概観」『言語文化と日本語教育』増刊特集号　第二言語習得・教育の研究最前線　pp.148-161

山根智恵（2002）『日本語の談話におけるフィラー』くろしお出版

楊虹（2005）「日本語母語話者による初対面会話に用いられる話題転換ストラテジー」『日本語文化と日本語教育』30号　日本言語文化学研究会　pp.83-86

楊虹（2008）「中日接触場面の初対面会話における「ね」の分析：共感構築の観点から」『研究紀要』15号　東京成徳大学　pp.125-136

楊晶（1997）「中国人学習者の日本語の相づち使用に見られる母語からの影響―形態、頻度、タイミングを中心に」『言語文化と日本語教育　平田悦朗先生退官記念号』13号　お茶の水女子大学日本言語文化学研究会　pp.117-128

楊晶（1999a）「中国語と日本語の電話会話におけるあいづち使用の一比較―形式と頻度の観点から―」『言語文化と日本語教育』17号　お茶の水女子大学日本言語文化学研究会　pp.1-13

楊晶（1999b）「中・日両言語の相づちに関する一考察　―頻度とその

周辺―」『人間文化研究年報』23号　お茶の水女子大学大学院人間文化研究科　pp.28-38

楊晶（2000a）「中国語会話における聞き手の言語行動について―ラジオの電話相談番組の場合―」『新島学園女子短期大学紀要』19号　pp.1-16

楊晶（2000b）「相づちに関する意識の中日比較―アンケート調査の結果より―」『人間文化論叢』3号　お茶の水女子大学大学院人間文化研究科　pp.87-100

楊晶（2001）「電話会話で使用される中国人学習者の日本語のあいづちについて―機能に着目した日本人との比較―」『日本語教育』111号　日本語教育学会　pp.46-55

楊晶（2002）「日本語の相づちに関する意識における中国人学習者と日本人との比較」『日本語教育』114号　日本語教育学会　pp.90-99

楊晶（2004）「中国語会話におけるあいづちの機能についての一考察」『高崎経済大学論集』47巻1号　pp.31-44

楊晶（2005）「相づちの使用場所についての中日対照研究―運用と意識の両面から」清華大学日本言語文化国際フォーラム発表原稿　清華大学（中国・北京）

楊晶（2006）「中国語会話における相づちの使用についての研究　―発話権交替の観点から―」『桜美林言語教育論叢』2号　pp.61-72

楊晶（2012）「相づちと発話権の交替に関する中日対照研究」『明治学院大学教養研究センター紀要カルチュール』6巻1号　pp.91-103

葉郁禮（2014）「日本語の雑談場面における「共話」と「対話」について」第九回国際日本語教育・日本研究シンポジウム予稿集原稿

吉田悦子（2013）「聞き手行動としての日本語あいづち表現の分析：転記情報とコーディングによる発話連鎖パターンの認定」『日本語学コーパスワークショップ第3回大会予稿集』　pp.435-440

吉田奈央・高梨克也・伝康晴（2009）「対話におけるあいづち表現の認

定とその問題点について」『言語処理学会第 15 回年次大会発表論文集』 pp. 430-433

吉田好美（2010） 「勧誘場面に見られる言い訳と不可表現及び勧誘者の言語行動について：日本人女子学生とインドネシア人女子学生の比較」『言語文化と日本語教育』40 号　お茶の水女子大学日本言語文化学研究会　pp. 11-20

渡辺恵美子（1993） 「日本語学習者のあいづちの分析　―電話での会話において使用された言語的あいづち―」『日本語教育』82 号　日本語教育学会　pp. 110-122

呉秦芳（2011） 「『日語談話資料庫』（CSJ） 會話資料中的話題導入 - 從禮貌理論觀點來考察」『台灣日本語文學報』29 号　日本比較文化学会　pp. 195-219

Brown, p. and Levinson, s.（1987） "Politeness" Cambridge: Cambridge University Press（ペネロピ・ブラウン，スティーブン・C・レブィンソン（2011）『ポライトネス：言語使用における、ある普通現象』研究者出版）

Clancy, P. M. Sandra A. Thompson, Ryoko Suzuki & Hongying Tao (1996) "The conversational use of reactive tokens in English, Japanese, and Mandarin" Journal of pragmatics 26 pp.355-387

Edelsky, C (1981) "Who's got the floor? " Language in Society 10 pp.383-421

Mukai, Chiharu (1999) "The Use of Back-channels by Advanced Learners of Japanese:Its Qualitative and Qualitative Aspects"『世界の日本語教育』9 号　pp.197-219

Olshtain, E, & Cohen, A. (1983). Apology: A speech-actsset.In N.Wolfson&E. Judd (Eds.), Sociolinguistics and Language Acquisition, 19-35.Rowley, Massachusetts: Newbury House

Redeker, G. (1991) Linguistic markers of discourse structure, Linguistics

29(6) pp.1139-1172

Sacks, H. Schegloff, E. A. Jefferson, G.（1974）A simplest systematic for the organization of turn-taking for conversation, Language, 50(4) pp.696-753

Sheida White（1989）Language in Society / Volume 18 / Issue 01 pp. 59-76

Yang Tao (2003) A Research on Back Channels in English Conversation by Japanese English Learners, 龍谷大学国際センター研究年報 12 pp.13-21